I0791860

MUCHAS GRACIAS

<u>INDICE</u>

Este Libro Pertenece a:

INTRODUCCION

¡Bienvenidos, queridos jóvenes lectores!
En este emocionante libro, los invito a embarcarse en un fascinante viaje a través del mundo del conocimiento. Aquí encontrarán una colección de datos curiosos, intrigantes y emocionantes que abarcan una amplia gama de temas. Desde sorprendentes descubrimientos científicos hasta cautivadoras historias de la historia mundial, desde maravillas naturales hasta innovadores avances tecnológicos, este libro está repleto de información emocionante y entretenida que seguramente despertará su curiosidad y avivará su pasión por el aprendizaje.
En las páginas que siguen, descubrirán datos curiosos sobre animales exóticos, el espacio y la astronomía, la historia mundial, inventos revolucionarios y mucho más. Cada hecho está diseñado para inspirar asombro y admiración por el mundo que nos rodea, así como para fomentar el amor por el aprendizaje y la exploración.
Así que prepárense para sumergirse en un océano de conocimiento y aventura. ¡Espero que disfruten este viaje tanto como yo disfruté compilando estos fascinantes datos para ustedes!

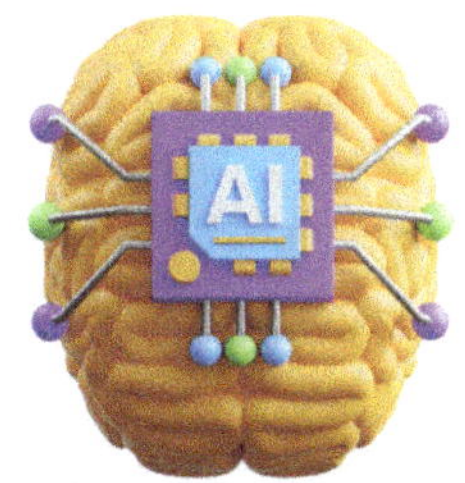

¡Gracias por Leer!
Querido lector,

Esperamos que hayas disfrutado de
este libro y que haya aportado valor a
tu vida. Nos encantaría conocer tu
opinión y saber cómo ha sido tu
experiencia con esta lectura.
Tu feedback es invaluable para
nosotros y ayuda a otros lectores a
descubrir nuevos libros.

Si tienes unos momentos, te invitamos
a compartir tus pensamientos sobre el
libro.

Puedes escanear el siguiente código QR para acceder directamente
a la página del libro en Amazon.

¡Gracias por tu tiempo y por ser parte de nuestra comunidad de
lectores!

Exotic animals-Animales Exoticos

1- The chameleon can move its eyes independently, looking in two directions at the same time.

- El camaleón puede mover sus ojos de manera independiente, mirando en dos direcciones al mismo tiempo.

2- The pufferfish can inflate itself into a sphere to protect itself from predators.

- El pez globo puede inflarse hasta convertirse en una esfera para protegerse de los depredadores.

3- Giraffes have blue tongues up to 50 centimeters long to help them reach leaves high in trees.

- Las jirafas tienen lenguas azules de hasta 50 centímetros de largo para ayudarlas a alcanzar hojas en lo alto de los árboles.

4- The platypus is one of the few mammals that lays eggs instead of giving birth to live young.

- El ornitorrinco es uno de los pocos mamíferos que ponen huevos en lugar de dar a luz a crías vivas.

Exotic animals-Animales Exoticos

5- The giant squid has the largest eyes in the animal kingdom, the size of a basketball.

- El calamar gigante tiene los ojos más grandes del reino animal, del tamaño de un balón de baloncesto.

6- The hermit crab uses empty snail shells as shelter and changes them as it grows.

- El cangrejo ermitaño usa conchas de caracol vacías como refugio y las cambia a medida que crece.

7- The octopus has three hearts and is blue due to hemocyanin, a protein that transports oxygen in the blood.

- El pulpo tiene tres corazones y es azul debido a la hemocianina, una proteína que transporta oxígeno en la sangre.

8- The okapi, a relative of the giraffe, has a long, prehensile tongue it uses to strip leaves from trees.

- El okapi, pariente de la jirafa, tiene una lengua larga y prensil que usa para arrancar hojas de los árboles.

Exotic animals-Animales Exoticos

9- The camel can close its nostrils to prevent sand from entering when they're in a sandstorm.

- El camello puede cerrar sus fosas nasales para evitar que entre arena cuando están en una tormenta de arena.

10- The hummingbird can fly backward and has a heart that beats up to 1,200 times per minute.

- El colibrí puede volar hacia atrás y tiene un corazón que late hasta 1,200 veces por minuto.

11- The pink river dolphin, native to the Amazon basin, is the largest freshwater dolphin in the world.

- El delfín rosado, nativo de la cuenca del Amazonas, es el delfín de agua dulce más grande del mundo.

12- The Chinese giant salamander is the largest amphibian in the world, reaching up to 1.8 meters in length.

- La salamandra gigante de China es el anfibio más grande del mundo, alcanzando hasta 1.8 metros de longitud.

Exotic animals-Animales Exoticos

13- The giant panda spends most of its day eating bamboo, consuming up to 12 kilograms in a day.

- El panda gigante pasa la mayor parte del día comiendo bambú, llegando a consumir hasta 12 kilogramos en un día.

14- The reticulated python is one of the largest snakes in the world, capable of swallowing prey whole.

- La serpiente pitón reticulada es una de las serpientes más grandes del mundo, capaz de devorar presas enteras.

15- The three-banded armadillo can close its shell into a ball as a defensive measure.

- El armadillo de tres bandas puede cerrar su caparazón en una bola como medida defensiva.

16- The quetzal, the national bird of Guatemala, has bright colored feathers and long tails.

- El quetzal, ave nacional de Guatemala, tiene plumas de colores brillantes y largas colas.

Exotic animals-Animales Exoticos

17- The polar bear has a thick layer of fat under its skin to insulate it from the cold of the Arctic.

- El oso polar tiene una gruesa capa de grasa debajo de su piel para aislarlo del frío del Ártico.

18- The emperor penguin can dive to depths of up to 500 meters to catch prey.

- El pingüino emperador puede sumergirse a profundidades de hasta 500 metros para atrapar presas.

19- The koala feeds mainly on eucalyptus leaves, which have low nutritional value and high water content.

- El koala se alimenta principalmente de hojas de eucalipto, las cuales tienen un bajo valor nutricional y alto contenido de agua.

20- The immortal jellyfish is a species that can regenerate completely from a single cell.

- La medusa inmortal es una especie que puede regenerarse por completo a partir de una sola célula.

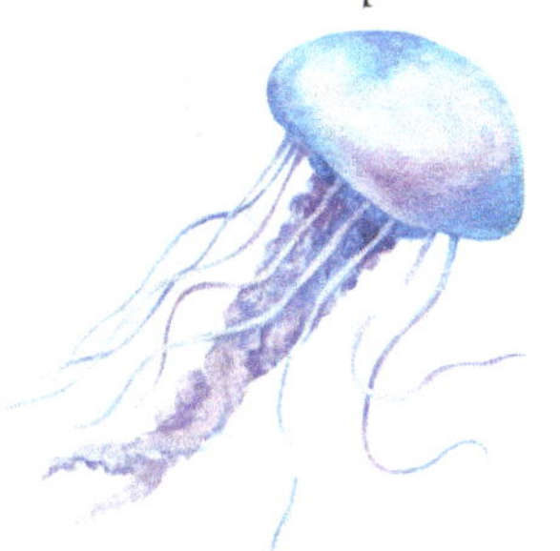

Exotic animals-Animales Exoticos

21- The Australian cuscus is an arboreal marsupial that rarely descends to the ground.

- El cuscús australiano es un marsupial arborícola que rara vez desciende al suelo.

22- The Komodo dragon is the largest lizard in the world and can reach speeds of up to 20 km/h.

- El dragón de Komodo es el lagarto más grande del mundo y puede alcanzar velocidades de hasta 20 km/h.

23- The glass frog has internal organs visible through its transparent skin.

- La rana de vidrio tiene órganos internos visibles a través de su piel transparente.

24- The owl has one ear higher than the other to better detect the direction of sounds.

- El búho tiene un oído más alto que el otro para detectar mejor la dirección de los sonidos.

Exotic animals-Animales Exoticos

25- The Bactrian camel has two humps, while the dromedary camel has only one.

- El camello bactriano tiene dos jorobas, mientras que el camello dromedario tiene solo una.

26- The whale shark is the largest fish in the world, reaching lengths of up to 12 meters.

- El tiburón ballena es el pez más grande del mundo, llegando a medir hasta 12 metros de largo.

27- The flamingo is capable of sleeping while standing on one leg.

- El flamenco es capaz de dormir mientras está de pie sobre una pata.

28- The praying mantis can rotate its head almost 180 degrees to survey its surroundings.

- La mantis religiosa puede girar su cabeza casi 180 grados para vigilar su entorno.

Exotic animals-Animales Exoticos

29- The African elephant can communicate over long distances through infrasound that humans can't hear.

- El elefante africano puede comunicarse a largas distancias a través de infrasonidos que los humanos no pueden oír.

30- The sloth can sleep for up to 20 hours a day.

- El oso perezoso puede pasar hasta 20 horas al día durmiendo.

31- The fruit bat is the only mammal capable of flying and seeing with echolocation.

- El murciélago frugívoro de la fruta es el único mamífero capaz de volar y ver con eco.

32- The Nile crocodile is capable of staying still for hours, waiting for its prey to approach.

- El cocodrilo del Nilo es capaz de permanecer inmóvil durante horas, esperando a que su presa se acerque.

Exotic animals-Animales Exoticos

33- The rhinoceros beetle can lift objects up to 850 times its own body weight.

- El escarabajo rinoceronte puede levantar objetos hasta 850 veces su propio peso corporal.

34- The ostrich is the largest bird in the world and is also unable to fly.

- El avestruz es el ave más grande del mundo y también es incapaz de volar.

35- The Siberian tiger is the largest feline in the world, surpassing the lion in size.

- El tigre siberiano es el felino más grande del mundo, superando en tamaño al león.

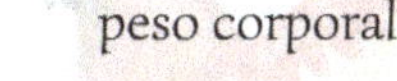

36- The zebra has a unique stripe pattern that acts as camouflage against predators.

- La cebra tiene un patrón de rayas único que actúa como camuflaje contra los depredadores.

Exotic animals-Animales Exoticos

37- The narwhal, also known as the "unicorn of the sea," has a long, twisted tusk that can reach up to 3 meters in length.

- El narval, también conocido como "unicornio del mar," tiene un colmillo largo y retorcido que puede alcanzar hasta 3 metros de longitud.

38- The snowy owl is one of the most efficient nocturnal hunters, with extremely acute hearing.

- El búho nival es uno de los cazadores nocturnos más eficientes, con una audición extremadamente aguda.

39- The tapir is a relative of the rhinoceros and has a prehensile trunk it uses to grab food.

- El tapir es un pariente del rinoceronte y tiene una trompa prensil que utiliza para agarrar alimentos.

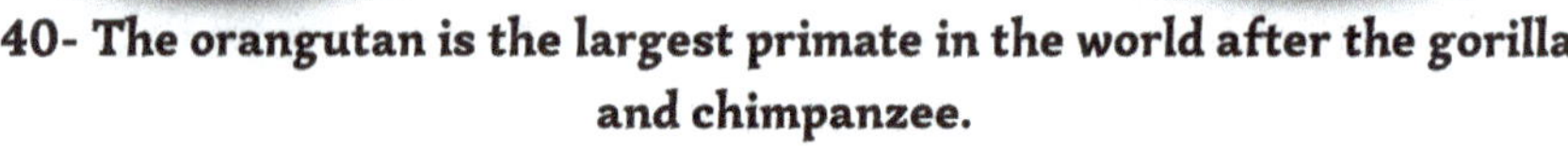

40- The orangutan is the largest primate in the world after the gorilla and chimpanzee.

- El orangután es el primate más grande del mundo después del gorila y el chimpancé.

Exotic animals-Animales Exoticos

41- The snail can sleep for up to three years straight during winter.

- El caracol puede dormir hasta tres años seguidos durante el invierno.

42- The wolf howls to communicate with other members of its pack, establishing territories and finding mates.

- El lobo aúlla para comunicarse con otros miembros de su manada, estableciendo territorios y encontrando pareja.

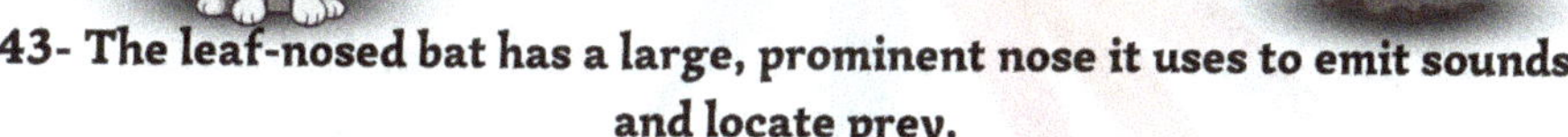

43- The leaf-nosed bat has a large, prominent nose it uses to emit sounds and locate prey.

- El murciélago nariz de hoja tiene una nariz grande y prominente que utiliza para emitir sonidos y localizar presas.

44- The ostrich has the largest eyes of any land bird and excellent vision.

- El avestruz tiene los ojos más grandes de cualquier ave terrestre y una excelente visión.

Exotic animals-Animales Exoticos

45- The kangaroo can jump distances of up to 9 meters and reach speeds of up to 56 km/h.

- El canguro puede saltar distancias de hasta 9 metros y alcanzar velocidades de hasta 56 km/h.

46- The hummingbird can move its wings up to 80 times per second.

- El colibrí puede mover sus alas hasta 80 veces por segundo.

47- The bald eagle is the national symbol of the United States.

El águila calva es el símbolo nacional de los Estados Unidos.

48- The fiddler crab has one claw much larger than the other, which it uses to dig burrows.

- El cangrejo violinista tiene una garra mucho más grande que la otra, que utiliza para cavar madrigueras.

Exotic animals-Animales Exoticos

49- The Galapagos tortoise can live for over 100 years.

- La tortuga gigante de las islas Galápagos puede vivir más de 100 años.

50- The sea lion can swim up to 35 km/h and dive to depths of up to 300 meters.

- El león marino puede nadar hasta 35 km/h y bucear a profundidades de hasta 300 metros.

Space and Astronomy - Espacio y astronomia

51- The Sun is so large that approximately 1.3 million Earths could fit inside it.

- El Sol es tan grande que aproximadamente 1.3 millones de Tierras podrían caber dentro de él.

52- Jupiter's Great Red Spot is a storm that has been raging for at least 400 years.

- La Gran Mancha Roja de Júpiter es una tormenta que ha estado rugiendo durante al menos 400 años.

53- There are more stars in the universe than grains of sand on all the beaches on Earth.

- Hay más estrellas en el universo que granos de arena en todas las playas de la Tierra.

54- Saturn's rings are not solid; they are made up of billions of pieces of ice and rock.

- Los anillos de Saturno no son sólidos; están compuestos por miles de millones de trozos de hielo y roca.

Space and Astronomy - Espacio y astronomia

55- The Milky Way is home to over 100 billion stars.

- La Vía Láctea es el hogar de más de 100 mil millones de estrellas.

56- The International Space Station (ISS) orbits Earth approximately every 90 minutes.

- La Estación Espacial Internacional (EEI) orbita la Tierra aproximadamente cada 90 minutos.

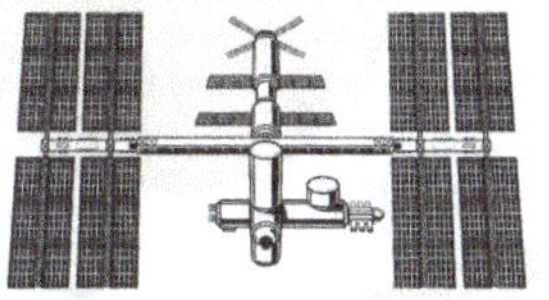 

57- Neptune's winds are the strongest in the solar system, reaching speeds of over 1,200 miles per hour.

- Los vientos de Neptuno son los más fuertes del sistema solar, alcanzando velocidades de más de 1,200 millas por hora.

58- A day on Venus is longer than a year on Venus; it takes 243 Earth days to rotate on its axis, but only 225 Earth days to orbit the Sun.

- Un día en Venus es más largo que un año en Venus; tarda 243 días terrestres en rotar sobre su eje, pero solo 225 días terrestres en orbitar alrededor del Sol.

59- The Andromeda Galaxy, our nearest neighbor, is on a collision course with the Milky Way and is expected to merge with it in about 4 billion years.

- La Galaxia de Andrómeda, nuestro vecino más cercano, está en curso de colisión con la Vía Láctea y se espera que se fusione con ella en unos 4 mil millones de años.

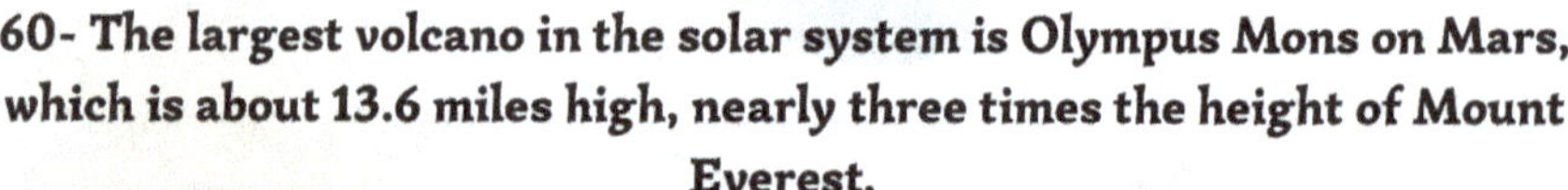

60- The largest volcano in the solar system is Olympus Mons on Mars, which is about 13.6 miles high, nearly three times the height of Mount Everest.

- El volcán más grande del sistema solar es el Olympus Mons en Marte, que tiene aproximadamente 13.6 millas de altura, casi tres veces la altura del Monte Everest.

61- The asteroid belt, located between Mars and Jupiter, is made up of millions of rocky objects ranging in size from small rocks to dwarf planets like Ceres.

- El cinturón de asteroides, ubicado entre Marte y Júpiter, está compuesto por millones de objetos rocosos que van desde pequeñas rocas hasta planetas enanos como Ceres.

62- The Hubble Space Telescope can see objects as far away as 13.4 billion light-years.

- El Telescopio Espacial Hubble puede ver objetos tan lejanos como 13.4 mil millones de años luz.

63- The atmosphere of Venus is mostly carbon dioxide, creating a runaway greenhouse effect that makes it the hottest planet in our solar system.

- La atmósfera de Venus es principalmente dióxido de carbono, lo que crea un efecto invernadero descontrolado que lo convierte en el planeta más caliente de nuestro sistema solar.

64- There are more than 200 billion galaxies in the observable universe.

- Hay más de 200 mil millones de galaxias en el universo observable.

Space and Astronomy - Espacio y astronomia

65- The surface temperature of Mercury can range from -290°F (-180°C) at night to 800°F (430°C) during the day.

- La temperatura superficial de Mercurio puede variar desde -290°F (-180°C) por la noche hasta 800°F (430°C) durante el día.

66- Halley's Comet, one of the most famous comets, visits the inner solar system roughly every 76 years.

- El Cometa Halley, uno de los cometas más famosos, visita el sistema solar interno aproximadamente cada 76 años.

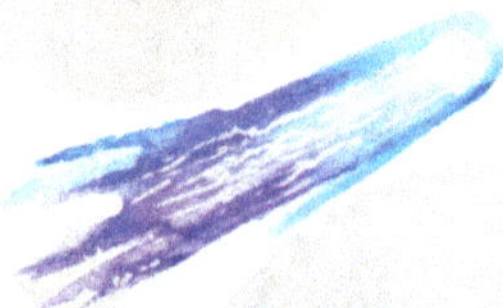

67- One day on Jupiter lasts only about 10 hours, making it the fastest rotating planet in our solar system.

- Un día en Júpiter dura solo alrededor de 10 horas, lo que lo convierte en el planeta que rota más rápido en nuestro sistema solar.

68- The surface gravity of Mars is only about 38% of Earth's, which means you could jump much higher on Mars than on Earth.

- La gravedad superficial de Marte es solo aproximadamente el 38% de la de la Tierra, lo que significa que podrías saltar mucho más alto en Marte que en la Tierra.

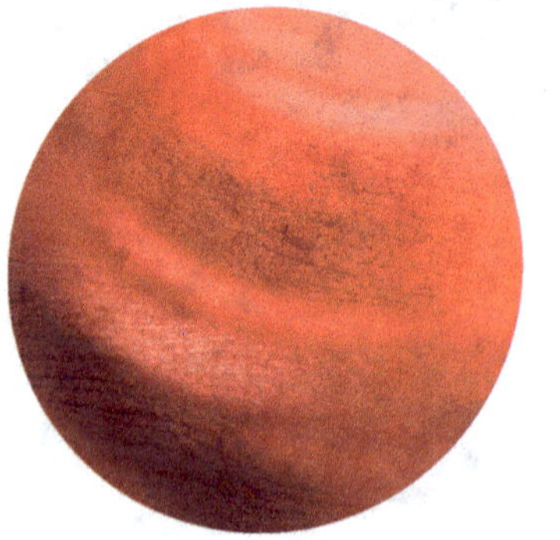

Space and Astronomy - Espacio y astronomía

69- The center of our Milky Way galaxy is home to a supermassive black hole called Sagittarius A*.

- El centro de nuestra galaxia Vía Láctea alberga un agujero negro supermasivo llamado Sagitario A*.

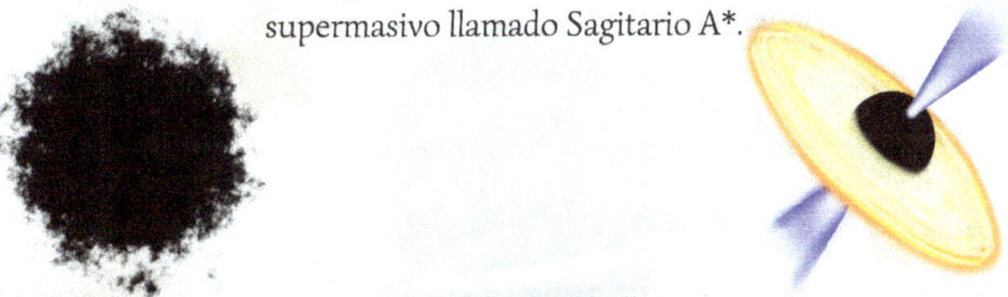

70- The space between galaxies is not completely empty; it contains gas, dust, and dark matter.

- El espacio entre galaxias no está completamente vacío; contiene gas, polvo y materia oscura.

71- The energy required to travel at the speed of light would be equivalent to the mass of an object completely converted into energy.

. La energía necesaria para viajar a la velocidad de la luz sería equivalente a la masa de un objeto convertida completamente en energía.

72- Astronauts on the International Space Station (ISS) experience approximately 16 sunrises and sunsets every day due to its orbit.

- Los astronautas en la Estación Espacial Internacional (EEI) experimentan aproximadamente 16 amaneceres y atardeceres cada día debido a su órbita.

Space and Astronomy - Espacio y astronomia

73- The Leonid meteor shower, which occurs every November, is caused by Earth crossing the orbit of the comet Tempel-Tuttle.

- La lluvia de meteoros Leónidas, que ocurre cada noviembre, es causada por la Tierra cruzando la órbita del cometa Tempel-Tuttle.

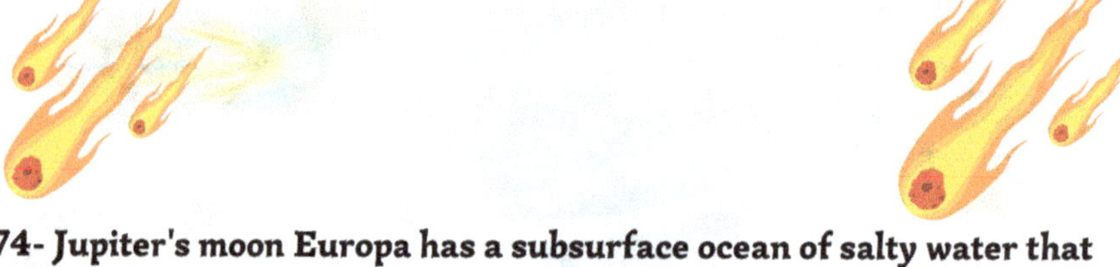

74- Jupiter's moon Europa has a subsurface ocean of salty water that could contain more than twice as much water as all of Earth's oceans combined.

- La luna Europa de Júpiter tiene un océano subsuperficial de agua salada que podría contener más del doble de agua que todos los océanos de la Tierra juntos.

75- The Voyager 1 spacecraft, launched in 1977, is the farthest human-made object in interstellar space, traveling beyond the boundary of the solar system.

- La sonda Voyager 1, lanzada en 1977, es el objeto humano más lejano en el espacio interestelar, viajando más allá del límite del sistema solar.

76- Laika, a Soviet space dog, became the first animal to orbit the Earth aboard Sputnik 2 in 1957.

- Laika, una perra espacial soviética, se convirtió en el primer animal en orbitar la Tierra a bordo del Sputnik 2 en 1957.

77- The largest known star, UY Scuti, has an approximate diameter of 1,700 times that of the Sun.

- La estrella más grande conocida, UY Scuti, tiene un diámetro aproximado de 1,700 veces el del Sol.

78- The James Webb Space Telescope, set to launch in the future, will be able to see the first luminous objects that formed in the universe.

- El telescopio espacial James Webb, que se lanzará en el futuro, será capaz de ver los primeros objetos luminosos que se formaron en el universo.

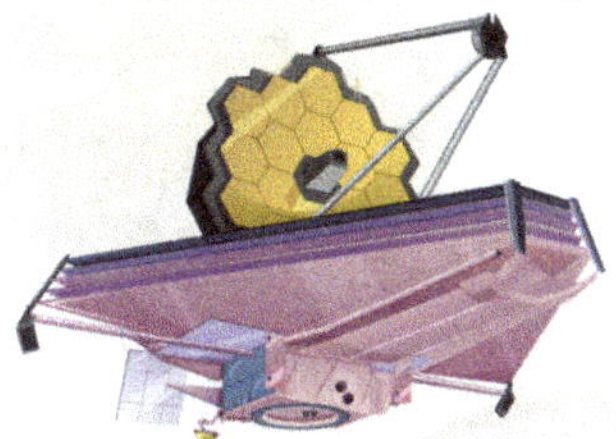

79- The Kuiper Belt, beyond Neptune's orbit, contains thousands of icy objects and small dwarf planets, including Pluto.

- El cinturón de Kuiper, más allá de la órbita de Neptuno, contiene miles de objetos helados y pequeños planetas enanos, incluido Plutón.

80- Neutron stars are the densest objects in the known universe, with a mass comparable to that of the Sun but a diameter of only a few kilometers.

- Las estrellas de neutrones son los objetos más densos del universo conocido, con una masa comparable a la del Sol pero un diámetro de solo unos pocos kilómetros.

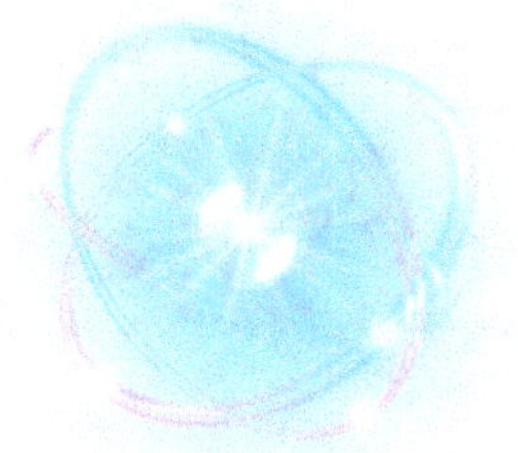
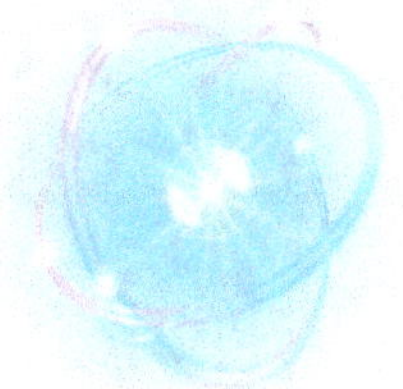

Space and Astronomy - Espacio y astronomia

81- The New Horizons spacecraft performed the first close flyby of Pluto in 2015, providing detailed images of the dwarf planet for the first time.

- La sonda espacial New Horizons realizó el primer sobrevuelo de cerca de Plutón en 2015, proporcionando imágenes detalladas del planeta enano por primera vez.

82- The Moon is moving away from Earth at a rate of approximately 3.8 centimeters per year.

- La Luna se está alejando de la Tierra a una velocidad de aproximadamente 3.8 centímetros por año.

83- The Crab Nebula is the remnant of a supernova that exploded in the year 1054 and is visible from Earth.

- La Nebulosa del Cangrejo es el remanente de una supernova que explotó en el año 1054 y es visible desde la Tierra.

84- The largest asteroid in the asteroid belt is called Ceres and has a diameter of approximately 940 kilometers.

- El asteroide más grande del cinturón de asteroides se llama Ceres y tiene un diámetro de aproximadamente 940 kilómetros.

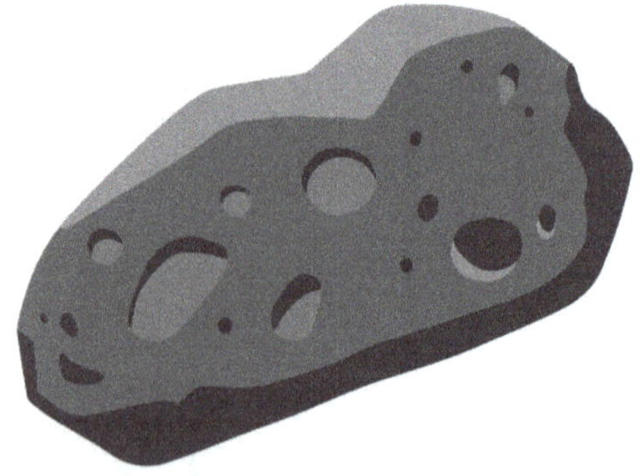

Space and Astronomy - Espacio y astronomia

85- Astronauts aboard the International Space Station (ISS) can't just order pizza for delivery.

- Los astronautas a bordo de la Estación Espacial Internacional (EEI) no pueden simplemente pedir pizza a domicilio.

86- Space toilets use airflow instead of water to flush waste away.

- Los baños espaciales utilizan flujo de aire en lugar de agua para eliminar los desechos.

87- Astronauts have to exercise for about two hours every day to keep their muscles and bones healthy in microgravity.

- Los astronautas tienen que hacer ejercicio durante aproximadamente dos horas todos los días para mantener sus músculos y huesos saludables en microgravedad.

88- Spacesuits are like personal spacecraft, providing oxygen, temperature control, and protection from the vacuum of space.

- Los trajes espaciales son como naves espaciales personales, proporcionando oxígeno, control de temperatura y protección contra el vacío del espacio.

Space and Astronomy - Espacio y astronomia

89- Astronauts need to sleep in special sleeping bags that stick to the walls to avoid floating away during sleep.

- Los astronautas necesitan dormir en bolsas de dormir especiales que se adhieren a las paredes para evitar flotar durante el sueño.

90- The first living creatures to go to space were fruit flies, sent by NASA in 1947.

- Las primeras criaturas vivas en ir al espacio fueron moscas de la fruta, enviadas por la NASA en 1947.

91- Astronauts' suits are equipped with a "Snoopy cap," a microphone located near their mouth that picks up their voice inside the helmet.

- Los trajes de los astronautas están equipados con un "gorro Snoopy", un micrófono ubicado cerca de su boca que capta su voz dentro del casco.

92- NASA's Mars rovers have "Martian birthdays" to mark the anniversaries of their landing on the Red Planet.

- Los rovers de Marte de la NASA tienen "cumpleaños marcianos" para marcar los aniversarios de su llegada al Planeta Rojo.

Space and Astronomy - Espacio y astronomia

93- Astronauts have to eat specially prepared food since regular food would float away in microgravity.

- Los astronautas tienen que comer alimentos especialmente preparados, ya que la comida normal flotaría en microgravedad.

94- The first humans to walk on the Moon were Neil Armstrong and Buzz Aldrin during the Apollo 11 mission in 1969.

- Los primeros humanos en caminar sobre la Luna fueron Neil Armstrong y Buzz Aldrin durante la misión Apolo 11 en 1969.

95- Astronauts wear diapers during spacewalks, as bathroom breaks are not possible in the vacuum of space.

- Los astronautas usan pañales durante las caminatas espaciales, ya que no son posibles las pausas para ir al baño en el vacío del espacio.

96- The Earth is not perfectly round; it's slightly flattened at the poles and bulges at the equator due to its rotation.

- La Tierra no es perfectamente redonda; está ligeramente achatada en los polos y abultada en el ecuador debido a su rotación.

Space and Astronomy - Espacio y astronomia

97- The Curiosity rover on Mars takes selfies by extending its robotic arm and snapping pictures with its camera.

- El rover Curiosity en Marte se toma selfies extendiendo su brazo robótico y tomando fotos con su cámara.

98- Alan Shepard became the first American to travel to space on May 5, 1961, aboard the Freedom 7 spacecraft.

- Alan Shepard se convirtió en el primer estadounidense en viajar al espacio el 5 de mayo de 1961, a bordo de la nave espacial Freedom 7.

99- Astronauts experience "space sickness" during their first few days in space, similar to motion sickness on Earth.

- Los astronautas experimentan "mareo espacial" durante sus primeros días en el espacio, similar al mareo por movimiento en la Tierra.

100- The Space Shuttle Atlantis flew the final mission of NASA's Space Shuttle Program, STS-135, in July 2011.

- El transbordador espacial Atlantis realizó la última misión del Programa del Transbordador Espacial de la NASA, STS-135, en julio de 2011.

World History- Historia Mundial

101- The Great Pyramid of Giza, built over 4,500 years ago, is one of the Seven Wonders of the Ancient World.

- La Gran Pirámide de Giza, construida hace más de 4,500 años, es una de las Siete Maravillas del Mundo Antiguo.

102- The ancient city of Rome was founded in 753 BCE according to legend.

- La antigua ciudad de Roma fue fundada en el año 753 a.C. según la leyenda.

103- Cleopatra, the last pharaoh of Egypt, spoke multiple languages, including Egyptian, Greek, and Latin.

- Cleopatra, la última faraona de Egipto, hablaba varios idiomas, incluyendo egipcio, griego y latín.

104- The Hanging Gardens of Babylon, one of the Seven Wonders of the Ancient World, were built by King Nebuchadnezzar II for his homesick wife.

- Los Jardines Colgantes de Babilonia, una de las Siete Maravillas del Mundo Antiguo, fueron construidos por el rey Nabucodonosor II para su esposa nostálgica.

World History- Historia Mundial

105- The Trojan War, fought between the Greeks and the Trojans, is the subject of Homer's epic poem, the Iliad.

- La Guerra de Troya, luchada entre los griegos y los troyanos, es el tema del poema épico de Homero, la Ilíada.

106- The ancient Olympic Games, held in Olympia, Greece, began in 776 BCE.

- Los antiguos Juegos Olímpicos, celebrados en Olimpia, Grecia, comenzaron en el año 776 a.C.

107- The Great Wall of China, built over many centuries, stretches over 13,000 miles.

- La Gran Muralla China, construida a lo largo de muchos siglos, se extiende por más de 13,000 millas.

108- Tutankhamun, an Egyptian pharaoh, became king at the age of nine and ruled until his death at around 18 years old.

- Tutankamón, un faraón egipcio, se convirtió en rey a la edad de nueve años y gobernó hasta su muerte a los alrededor de 18 años.

World History- Historia Mundial

109- Joan of Arc, a French heroine, led the French army to victory over the English during the Hundred Years' War.

- Juana de Arco, heroína francesa, lideró al ejército francés hacia la victoria sobre los ingleses durante la Guerra de los Cien Años.

110- The Mayans developed a sophisticated calendar system that is still studied and used today.

- Los mayas desarrollaron un sistema de calendario sofisticado que todavía se estudia y utiliza hoy en día.

111- Julius Caesar, a Roman general and statesman, was assassinated by a group of senators on the Ides of March, 44 BCE.

- Julio César, un general y estadista romano, fue asesinado por un grupo de senadores en los Idus de Marzo del año 44 a.C.

112- The Rosetta Stone, discovered in 1799, helped scholars decipher ancient Egyptian hieroglyphics.

- La Piedra Rosetta, descubierta en 1799, ayudó a los eruditos a descifrar los jeroglíficos del antiguo Egipto.

World History- Historia Mundial

113- Marco Polo, an Italian explorer, traveled to China and served in the court of Kublai Khan in the 13th century.

- Marco Polo, un explorador italiano, viajó a China y sirvió en la corte de Kublai Khan en el siglo XIII.

114- The Inca Empire, located in South America, was the largest empire in pre-Columbian America.

- El Imperio Inca, ubicado en América del Sur, fue el imperio más grande en la América precolombina.

115- The Black Death, a devastating pandemic, swept through Europe in the 14th century, killing millions of people.

- La Peste Negra, una pandemia devastadora, azotó Europa en el siglo XIV, matando a millones de personas.

116- Queen Elizabeth I of England never married and was known as the "Virgin Queen."

- La Reina Isabel I de Inglaterra nunca se casó y fue conocida como la "Reina Virgen".

 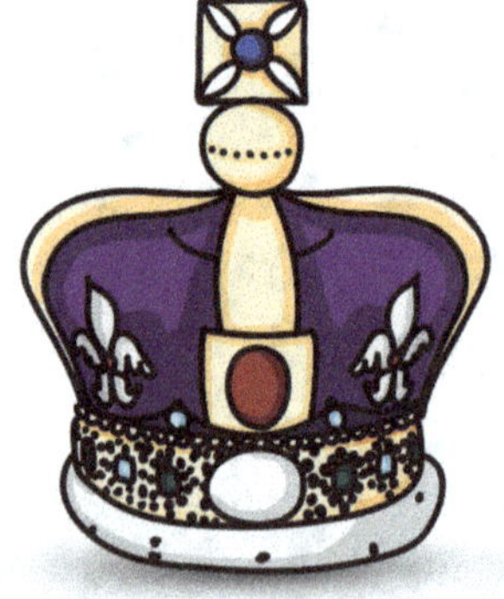

World History- Historia Mundial

117- The Aztecs founded their capital city of Tenochtitlan on an island in Lake Texcoco, where modern-day Mexico City is located.

- Los aztecas fundaron su ciudad capital de Tenochtitlán en una isla en el lago Texcoco, donde se encuentra la actual Ciudad de México.

118- The Silk Road was a network of trade routes connecting the East and West, allowing for the exchange of goods, ideas, and culture.

- La Ruta de la Seda fue una red de rutas comerciales que conectaban el Este y el Oeste, permitiendo el intercambio de bienes, ideas y cultura.

119- Alexander the Great, a Macedonian king, created one of the largest empires in history by the age of 30.

- Alejandro Magno, rey macedonio, creó uno de los imperios más grandes de la historia para cuando tenía 30 años.

120- The Gutenberg Bible, printed in the 15th century by Johannes Gutenberg, was the first major book printed using movable type in Europe.

- La Biblia de Gutenberg, impresa en el siglo XV por Johannes Gutenberg, fue el primer libro importante impreso utilizando tipos móviles en Europa.

World History- Historia Mundial

120- Leonardo da Vinci, an Italian polymath, was a painter, sculptor, inventor, and scientist who is best known for works such as the Mona Lisa and The Last Supper.

- Leonardo da Vinci, un polímata italiano, fue pintor, escultor, inventor y científico, mejor conocido por obras como la Mona Lisa y La Última Cena.

121- The Battle of Thermopylae, fought between the Greeks and the Persians in 480 BCE, was immortalized in the movie "300."

- La Batalla de las Termópilas, luchada entre los griegos y los persas en el año 480 a.C., fue inmortalizada en la película "300".

122- The Eiffel Tower, an iconic symbol of France, was completed in 1889 as the entrance arch for the 1889 World's Fair in Paris.

- La Torre Eiffel, un símbolo icónico de Francia, fue completada en 1889 como el arco de entrada para la Exposición Universal de 1889 en París.

123- The Magna Carta, signed by King John of England in 1215, limited the power of the monarchy and is considered a cornerstone of constitutional law.

- La Carta Magna, firmada por el rey Juan de Inglaterra en 1215, limitó el poder de la monarquía y es considerada un pilar del derecho constitucional.

World History- Historia Mundial

124- The Taj Mahal, a beautiful marble mausoleum in India, was built by the Mughal emperor Shah Jahan in memory of his wife Mumtaz Mahal.

- El Taj Mahal, un hermoso mausoleo de mármol en la India, fue construido por el emperador mogol Shah Jahan en memoria de su esposa Mumtaz Mahal.

122- The Battle of Hastings in 1066 led to the Norman conquest of England by William the Conqueror.

- La Batalla de Hastings en 1066 llevó a la conquista normanda de Inglaterra por Guillermo el Conquistador.

123- The Declaration of Independence, adopted on July 4, 1776, declared the 13 American colonies independent from British rule.

- La Declaración de Independencia, adoptada el 4 de julio de 1776, declaró a las 13 colonias americanas independientes del dominio británico.

124- The Great Fire of London in 1666 destroyed much of the city, leading to major rebuilding efforts and improvements in fire safety.

- El Gran Incendio de Londres en 1666 destruyó gran parte de la ciudad, lo que llevó a importantes esfuerzos de reconstrucción y mejoras en la seguridad contra incendios.

125- The Underground Railroad was a network of secret routes and safe houses used by enslaved African Americans to escape to free states and Canada.

- El Ferrocarril Subterráneo fue una red de rutas secretas y casas seguras utilizadas por los afroamericanos esclavizados para escapar a estados libres y a Canadá.

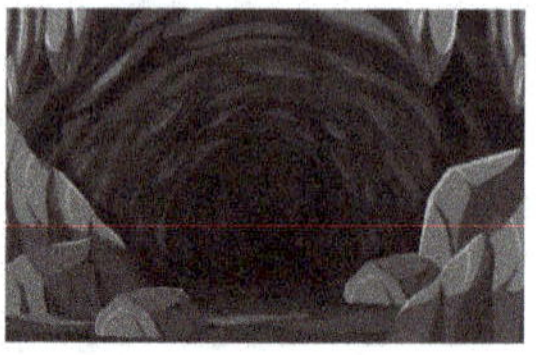

126- The Declaration of the Rights of Man and of the Citizen, adopted during the French Revolution in 1789, proclaimed the rights of all citizens and influenced later human rights documents.

- La Declaración de los Derechos del Hombre y del Ciudadano, adoptada durante la Revolución Francesa en 1789, proclamó los derechos de todos los ciudadanos e influyó en documentos posteriores de derechos humanos.

127- The Great Fire of London in 1666 destroyed much of the city, including St. Paul's Cathedral.

- El Gran Incendio de Londres en 1666 destruyó gran parte de la ciudad, incluida la Catedral de San Pablo.

128- The first successful airplane flight was achieved by the Wright brothers on December 17, 1903.

- El primer vuelo exitoso en avión fue logrado por los hermanos Wright el 17 de diciembre de 1903.

World History- Historia Mundial

129- The French Revolution began with the storming of the Bastille on July 14, 1789.

- La Revolución Francesa comenzó con la toma de la Bastilla el 14 de julio de 1789.

130- The Magna Carta, signed in 1215, established the principle that everyone, including the king, was subject to the law.

- La Carta Magna, firmada en 1215, estableció el principio de que todos, incluido el rey, estaban sujetos a la ley.

131- Christopher Columbus reached the Americas on October 12, 1492, during his first voyage across the Atlantic Ocean.

- Cristóbal Colón llegó a América el 12 de octubre de 1492, durante su primer viaje por el Océano Atlántico.

132- The Battle of Waterloo in 1815 marked the final defeat of Napoleon Bonaparte.

- La Batalla de Waterloo en 1815 marcó la derrota final de Napoleón Bonaparte.

World History- Historia Mundial

133- The Industrial Revolution, which began in the late 18th century, brought about significant changes in manufacturing, transportation, and society.

- La Revolución Industrial, que comenzó a finales del siglo XVIII, trajo consigo cambios significativos en la manufactura, el transporte y la sociedad.

134- The Roman Empire reached its greatest territorial extent under Emperor Trajan in the 2nd century CE.

- El Imperio Romano alcanzó su mayor extensión territorial bajo el emperador Trajano en el siglo II d.C.

135- The sinking of the RMS Titanic on April 15, 1912, during its maiden voyage, remains one of the deadliest maritime disasters in history.

- El hundimiento del RMS Titanic el 15 de abril de 1912, durante su viaje inaugural, sigue siendo uno de los desastres marítimos más mortales de la historia.

136- The ancient city of Petra, located in modern-day Jordan, was the capital of the Nabatean kingdom.

- La antigua ciudad de Petra, ubicada en la actual Jordania, fue la capital del reino nabateo.

137- The Battle of Gettysburg, fought in July 1863 during the American Civil War, was a turning point in the conflict.

- La Batalla de Gettysburg, luchada en julio de 1863 durante la Guerra Civil Estadounidense, fue un punto de inflexión en el conflicto.

138- The Mayflower Compact, signed by Pilgrims aboard the Mayflower in 1620, established self-government in the Plymouth Colony.

- El Pacto del Mayflower, firmado por los Peregrinos a bordo del Mayflower en 1620, estableció el autogobierno en la Colonia de Plymouth.

139- In 1879, Thomas Edison invented the light bulb, brightening homes and revolutionizing the way people live.

- En 1879, Thomas Edison inventó la bombilla eléctrica, iluminando hogares y revolucionando la forma en que las personas viven.

140- In 1928, Alexander Fleming discovered penicillin, a medicine that helps fight bacterial infections and saves many lives.

- En 1928, Alexander Fleming descubrió la penicilina, un medicamento que ayuda a combatir las infecciones bacterianas y salva muchas vidas.

 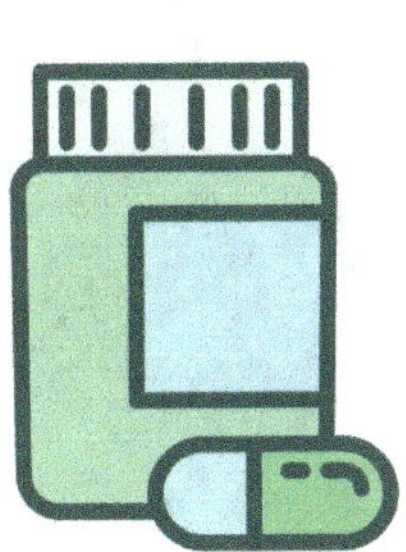 

World History- Historia Mundial

141- In 1869, Dmitri Mendeleev created the periodic table, organizing elements to help scientists understand the building blocks of the universe.

- En 1869, Dmitri Mendeléyev creó la tabla periódica, organizando los elementos para ayudar a los científicos a comprender los bloques de construcción del universo.

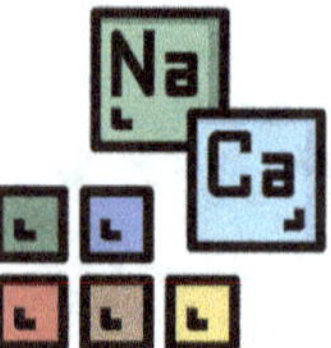

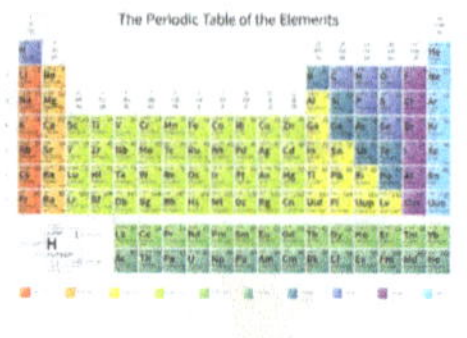

142- In 1957, the Soviet Union launched Sputnik 1, the first artificial satellite, marking the beginning of space exploration.

- En 1957, la Unión Soviética lanzó el Sputnik 1, el primer satélite artificial, marcando el inicio de la exploración espacial.

143- In 1945, Jonas Salk developed the polio vaccine, helping to eradicate a disease that once caused widespread illness and disability.

- En 1945, Jonas Salk desarrolló la vacuna contra la polio, ayudando a erradicar una enfermedad que una vez causó enfermedades y discapacidades generalizadas.

144- In 1989, Tim Berners-Lee invented the World Wide Web, connecting people around the world and making information easily accessible.

- En 1989, Tim Berners-Lee inventó la World Wide Web, conectando a personas de todo el mundo y facilitando el acceso a la información.

145- In 1901, Marie Curie discovered radioactivity, leading to advances in medicine and the development of new treatments for cancer.

- **En 1901, Marie Curie descubrió la radiactividad, lo que llevó a avances en medicina y al desarrollo de nuevos tratamientos contra el cáncer.**

146- In 1947, John Bardeen, Walter Brattain, and William Shockley invented the transistor, paving the way for modern electronics and technology.

- En 1947, John Bardeen, Walter Brattain y William Shockley inventaron el transistor, allanando el camino para la electrónica y la tecnología modernas.

147- In 1962, the Telstar satellite was launched, enabling the first live transatlantic television broadcasts.

- En 1962, se lanzó el satélite Telstar, lo que permitió las primeras transmisiones de televisión en vivo a través del Atlántico.

148- In 1876, Alexander Graham Bell invented the telephone, allowing people to communicate with each other over long distances.

- En 1876, Alexander Graham Bell inventó el teléfono, permitiendo que las personas se comunicaran entre sí a largas distancias.

149- In 1985, the discovery of the hole in the ozone layer led to international efforts to reduce harmful chemicals, protecting the Earth's atmosphere.

- En 1985, el descubrimiento del agujero en la capa de ozono llevó a esfuerzos internacionales para reducir los productos químicos dañinos, protegiendo la atmósfera de la Tierra.

150- In 1953, James Watson and Francis Crick discovered the double helix structure of DNA, laying the foundation for advances in genetics and medicine.

- En 1953, James Watson y Francis Crick descubrieron la estructura de doble hélice del ADN, sentando las bases para los avances en genética y medicina.

151- Elephants are the only animals that can't jump.
Los elefantes son los únicos animales que no pueden saltar.

152- The fingerprints of a koala are so indistinguishable from humans that they have on occasion been confused at a crime scene.

- Las huellas dactilares de un koala son tan similares a las humanas que en ocasiones han sido confundidas en una escena del crimen.

153- A strawberry isn't a berry, but a banana is.

- Una fresa no es una baya, pero un plátano sí lo es.

154- Honey never spoils. Archaeologists have found pots of honey in ancient Egyptian tombs that are over 3,000 years old and still perfectly edible.

- La miel nunca se echa a perder. Los arqueólogos han encontrado tarros de miel en tumbas del antiguo Egipto que tienen más de 3,000 años y todavía son perfectamente comestibles.

155- The average cloud weighs about 1.1 million pounds (498,952 kg).

- **La nube promedio pesa alrededor de 1.1 millones de libras (498,952 kg).**

156- Peanuts are not nuts; they are legumes.

- Los cacahuetes no son nueces; son legumbres.

157- Cows have best friends. They get stressed when they are separated from them.

- Las vacas tienen mejores amigos. Se estresan cuando se separan de ellos.

158- The smallest bone in the human body is the stapes bone located in the ear.

- El hueso más pequeño del cuerpo humano es el hueso estribo, ubicado en el oído.

159- Honeybees can recognize human faces.

Las abejas pueden reconocer los rostros humanos.

160- Coca-Cola was originally green.

La Coca-Cola originalmente era verde.

161- Giraffes have the same number of neck vertebrae as humans - seven.

- Las jirafas tienen el mismo número de vértebras cervicales que los humanos: siete.

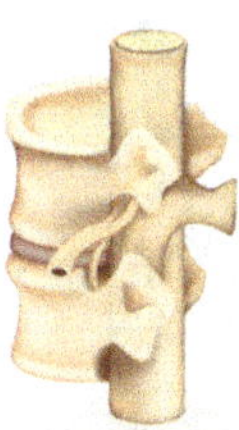  

162- The Amazon Rainforest produces half the world's oxygen supply.

- La selva amazónica produce la mitad del suministro de oxígeno del mundo.

163- The Earth's core is as hot as the surface of the sun.

- El núcleo de la Tierra es tan caliente como la superficie del sol.

164- Sound travels about four times faster in water than in air.

- El sonido viaja aproximadamente cuatro veces más rápido en agua que en aire.

165- Pineapples take almost three years to grow.

- Las piñas tardan casi tres años en crecer.

166- Bees communicate with each other by dancing.

- Las abejas se comunican entre sí bailando.

167- The world's largest desert is not the Sahara; it's Antarctica.

- El desierto más grande del mundo no es el Sahara; es la Antártida.

168- Penguins can jump up to 6 feet (1.8 meters) out of the water.

- Los pingüinos pueden saltar hasta 6 pies (1.8 metros) fuera del agua.

169- An egg contains every nutrient needed to grow a chicken.

- Un huevo contiene todos los nutrientes necesarios para hacer crecer un pollo.

170- A bolt of lightning can reach temperatures hotter than the surface of the sun.

- Un rayo puede alcanzar temperaturas más calientes que la superficie del sol.

171- The tongue is the only muscle in the body that is attached at only one end.

- La lengua es el único músculo en el cuerpo que está unido solo por un extremo.

172- Sea otters hold hands when they sleep to keep from drifting apart.

- Las nutrias marinas se agarran de las manos cuando duermen para evitar separarse.

   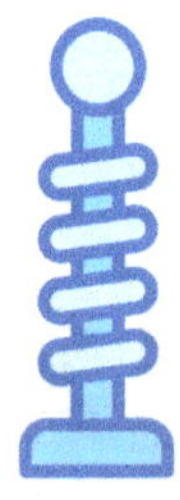

173- The northern leopard frog swallows its prey using its eyes - it uses them to help push food down its throat.

- La rana leopardo del norte traga a su presa usando sus ojos: los usa para ayudar a empujar la comida por su garganta.

174- Venus is the only planet that rotates clockwise.

- Venus es el único planeta que rota en sentido horario.

175- The only continent with no active volcanoes is Australia.

- El único continente sin volcanes activos es Australia.

176- Every year, millions of trees grow thanks to squirrels forgetting where they buried their nuts.

- Cada año, millones de árboles crecen gracias a que las ardillas olvidan dónde enterraron sus nueces.

176- The human brain is 80% water.
El cerebro humano es 80% agua.

177- The oldest known goldfish lived to 43 years old.
El pez dorado más antiguo conocido vivió 43 años.

178- Caterpillars have more muscles than humans.

- Las orugas tienen más músculos que los humanos.

179- The average person will spend six months of their life waiting for red lights to turn green.

- La persona promedio pasará seis meses de su vida esperando que los semáforos cambien a verde.

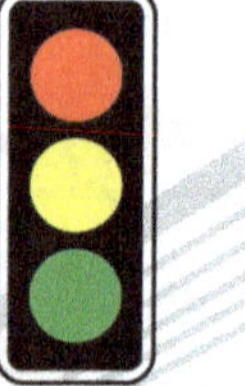

180- Polar bears are left-handed.

Los osos polares son zurdos.

181- The speed of a computer mouse is measured in "Mickeys."

- La velocidad de un ratón de computadora se mide en "Mickeys".

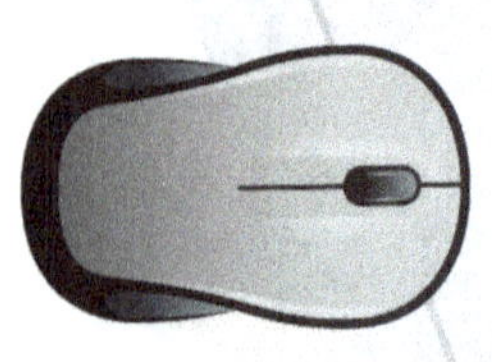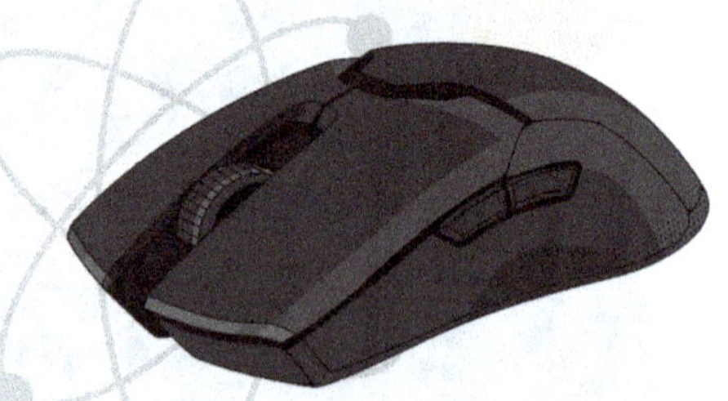

182- The smell of freshly-cut grass is actually a plant distress call.

- El olor a hierba recién cortada es en realidad una llamada de socorro de la planta.

183- The world's largest snowflake was 15 inches wide.

- El copo de nieve más grande del mundo tenía 15 pulgadas de ancho.

184- The longest recorded flight of a chicken is 13 seconds.

- El vuelo más largo registrado de un pollo es de 13 segundos.

185- The average person walks the equivalent of five times around the world in their lifetime.

- La persona promedio camina el equivalente a cinco veces alrededor del mundo en su vida.

186- Rain is composed of water droplets that have evaporated from Earth's surface and then condensed in clouds.

- La lluvia está compuesta por gotas de agua que se han evaporado de la superficie de la Tierra y luego se han condensado en las nubes.

187- Dinosaurs existed on Earth long before the first humans appeared.

- Los dinosaurios existieron en la Tierra mucho antes de que aparecieran los primeros humanos.

188- Earth takes approximately 365.25 days to orbit the sun, resulting in leap years.

- La Tierra tarda aproximadamente 365.25 días en orbitar alrededor del sol, lo que da lugar a años bisiestos.

189- Hurricanes form over warm waters and can cause strong winds and heavy rains.

- Los huracanes se forman sobre aguas cálidas y pueden causar fuertes **vientos y lluvias intensas.**

190- Rainbows form when sunlight is refracted and reflected in water droplets in the atmosphere.

- Los arcoíris se forman cuando la luz del sol se refracta y se refleja en las gotas de agua en la atmósfera.

191- Energy is neither created nor destroyed, only transformed, according to the law of conservation of energy.

- La energía no se crea ni se destruye, solo se transforma, según la ley de la conservación de la energía.

192- Isaac Newton's law of gravity describes how objects attract each other based on their mass and distance.

- La ley de la gravedad de Isaac Newton describe cómo los objetos se atraen entre sí en función de su masa y distancia.

193- The seasons on Earth are due to the planet's tilted axis of rotation.

- Las estaciones en la Tierra se deben a la inclinación del eje de rotación del planeta.

194- Freshwater on Earth accounts for less than 3% of the total water supply, and most of it is frozen in polar ice caps.

- El agua dulce en la Tierra representa menos del 3% del suministro total de agua, y la mayor parte está congelada en los casquetes polares.

195- The universe has been expanding since the Big Bang, approximately 13.8 billion years ago.

- El universo está en constante expansión desde el Big Bang, hace aproximadamente 13.8 mil millones de años.

196- Earthquakes are caused by the movement of tectonic plates in the Earth's crust.

- Los terremotos son causados por el movimiento de las placas tectónicas en la corteza terrestre.

197- Atoms are mainly composed of empty space, with a dense nucleus of protons and neutrons surrounded by orbiting electrons.

- Los átomos están compuestos principalmente de espacio vacío, con un núcleo denso de protones y neutrones rodeado por electrones en órbita.

198- The Great Barrier Reef is the largest coral reef system in the world and is visible from outer space.

- El Gran Arrecife de Coral es el sistema de arrecifes de coral más grande del mundo y es visible desde el espacio exterior.

199- A bolt of lightning can contain up to one billion volts of electricity.

- Un rayo puede contener hasta mil millones de voltios de electricidad.

200- Astronauts in space can grow up to two inches taller due to the lack of gravity compressing their spines.

- Los astronautas en el espacio pueden crecer hasta dos pulgadas más altos debido a la falta de gravedad que comprime sus columnas vertebrales.

Human Body - Cuerpo Humano

201- The human brain has about 100 billion neurons.

- El cerebro humano tiene alrededor de 100 mil millones de neuronas.

202- The heart pumps about 2,000 gallons (7,570 liters) of blood every day.

- El corazón bombea aproximadamente 2,000 galones (7,570 litros) de sangre todos los días.

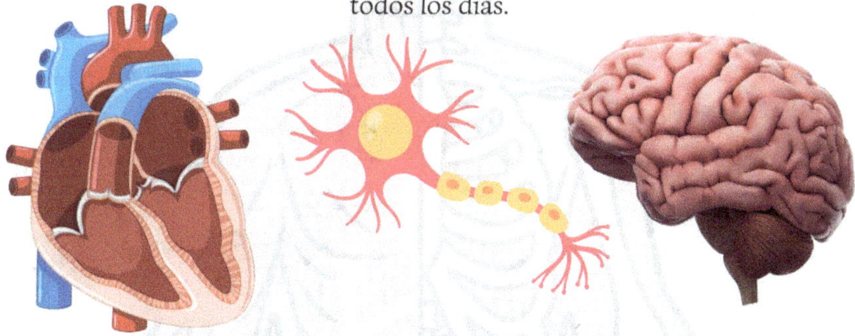

203- The human body has over 600 muscles.

- El cuerpo humano tiene más de 600 músculos.

204- Your stomach produces a new layer of mucus every two weeks to prevent it from digesting itself.

- Tu estómago produce una nueva capa de moco cada dos semanas para evitar que se digiera a sí mismo.

205- The small intestine is about 22 feet (6.7 meters) long.

- El intestino delgado mide aproximadamente 22 pies (6.7 metros) de largo.

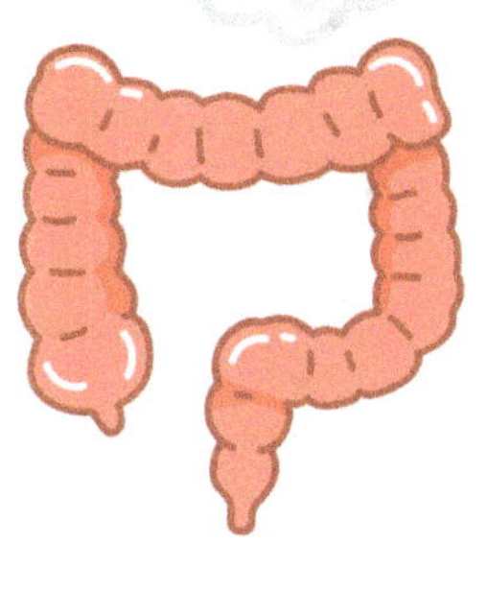

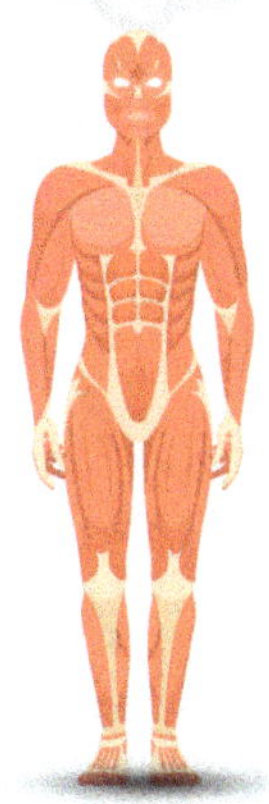

Human Body - Cuerpo Humano

206- Your skin is your body's largest organ.

- La piel es el órgano más grande del cuerpo humano.

207- The liver is the only organ that can regenerate itself.

- El hígado es el único órgano que puede regenerarse a sí mismo.

208- The average person produces about 25,000 quarts (23,658 liters) of saliva in a lifetime.

- La persona promedio produce alrededor de 25,000 cuartos (23,658 litros) de saliva en toda una vida.

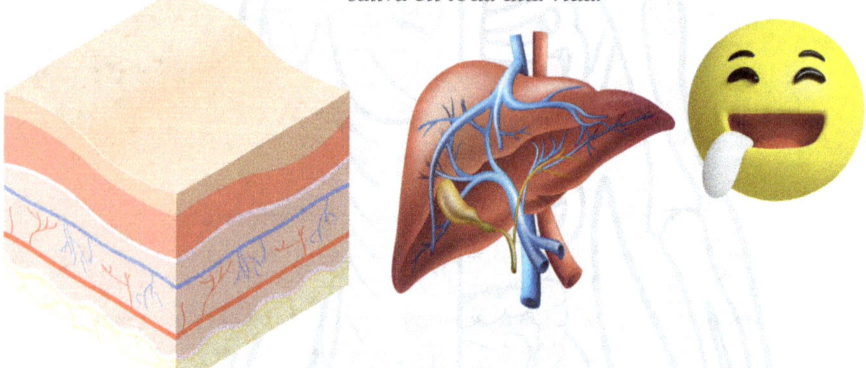

209- Your nose can remember 50,000 different scents.

- Tu nariz puede recordar 50,000 olores diferentes.

210- Your bones are composed of 31% water.

- Tus huesos están compuestos por un 31% de agua.

Human Body - Cuerpo Humano

211- Your kidneys filter about 150 quarts (142 liters) of blood every day.

- Tus riñones filtran aproximadamente 150 cuartos (142 litros) de sangre todos los días.

212- Your fingernails grow faster than your toenails.

- Tus uñas de los dedos de las manos crecen más rápido que las de los dedos de los pies.

213- The human body has enough iron to make a metal nail that is 3 inches (7.62 cm) long.

- El cuerpo humano tiene suficiente hierro para hacer un clavo metálico que mida 3 pulgadas (7.62 cm) de largo.

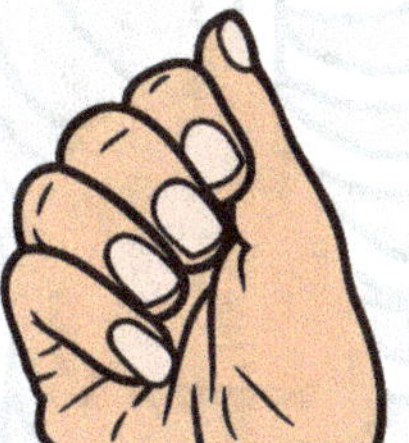
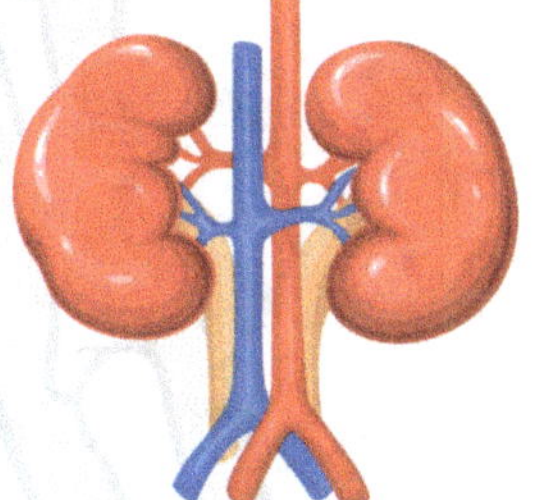

214- Your taste buds are replaced every 10 to 14 days.

- Tus papilas gustativas se reemplazan cada 10 a 14 días.

215- The cornea is the only part of the body with no blood supply – it gets oxygen directly through the air.

- La córnea es la única parte del cuerpo sin suministro de sangre; recibe oxígeno directamente a través del aire.

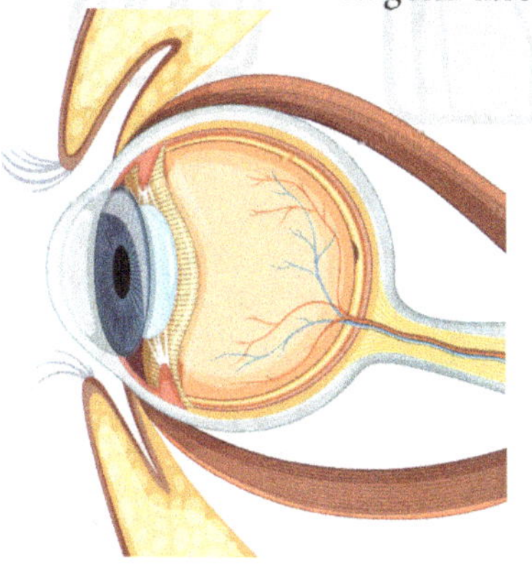
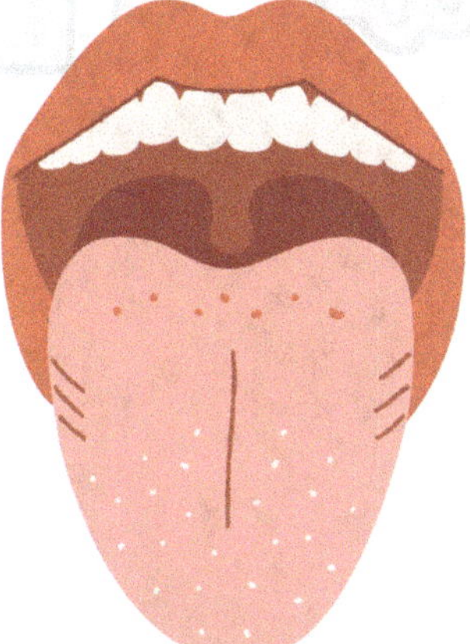

Human Body - Cuerpo Humano

216- Your brain weighs about 1.4 kg (3 pounds) and has a texture similar to firm tofu.

- Tu cerebro pesa alrededor de 1,4 kg (3 libras) y tiene una textura similar a la de un tofu firme.

217- Your bones completely renew themselves every 7 to 10 years.

- Tus huesos se renuevan completamente cada 7 a 10 años.

218- Your body has about 10 trillion cells.

- Tu cuerpo tiene alrededor de 10 billones de células.

219- Your heart beats around 100,000 times a day.

- Tu corazón late alrededor de 100,000 veces al día.

220- The total length of all the blood vessels in your body is about 100,000 kilometers (62,137 miles).

- La longitud total de todos los vasos sanguíneos en tu cuerpo es de aproximadamente 100,000 kilómetros (62,137 millas).

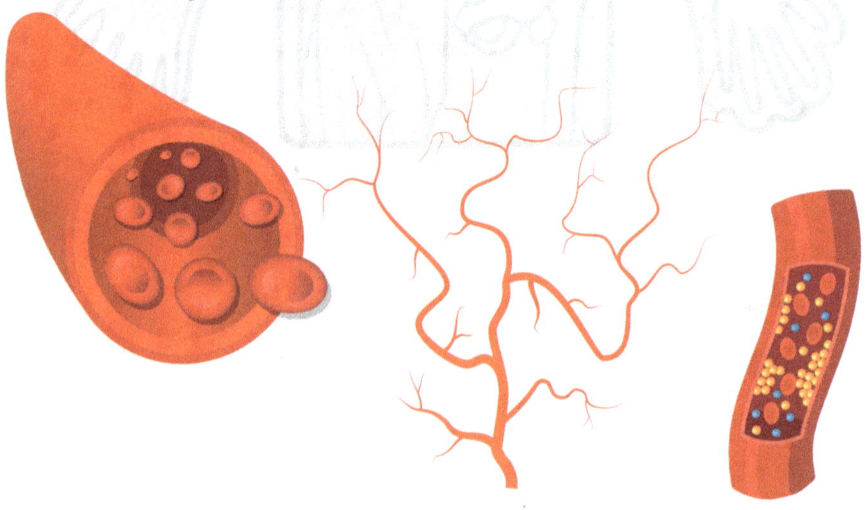

Human Body - Cuerpo Humano

221- The human body has more than 200 bones at birth, but as we grow, some of them fuse together, and an adult typically has 206 bones.

- El cuerpo humano tiene más de 200 huesos al nacer, pero a medida que crecemos, algunos de ellos se fusionan, y un adulto típicamente tiene 206 huesos.

222- Your brain uses about 20% of the oxygen and blood in your body.

- Tu cerebro utiliza alrededor del 20% del oxígeno y la sangre en tu cuerpo.

223- The strongest muscle in the human body is the masseter, which is located in the jaw.

- El músculo más fuerte en el cuerpo humano es el masetero, que está ubicado en la mandíbula.

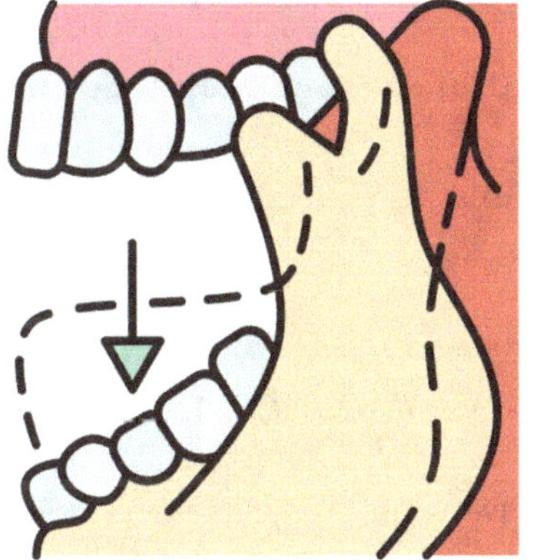

224- Your eyes can distinguish about 10 million different colors.

- Tus ojos pueden distinguir alrededor de 10 millones de colores diferentes.

Human Body - Cuerpo Humano

225- Humans shed about 600,000 particles of skin every hour.

- Los humanos desprenden alrededor de 600,000 partículas de piel cada hora.

226- The human body contains about 0.2 milligrams of gold, most of which is in the blood.

- El cuerpo humano contiene alrededor de 0.2 miligramos de oro, la mayor parte de los cuales está en la sangre.

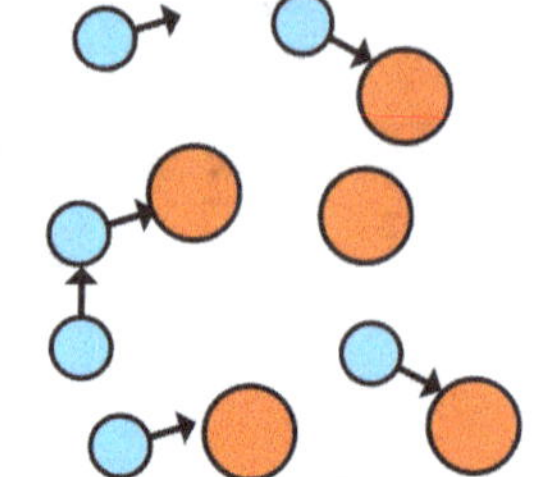

227- Your eyes are capable of processing 36,000 pieces of information in a single hour.

- Tus ojos son capaces de procesar 36,000 piezas de información en una sola hora.

228- Your nose can remember smells with an accuracy of 65% after a year, while your memory of photos drops to about 50% after only three months.

- Tu nariz puede recordar olores con una precisión del 65% después de un año, mientras que tu memoria de fotos disminuye a aproximadamente el 50% después de solo tres meses.

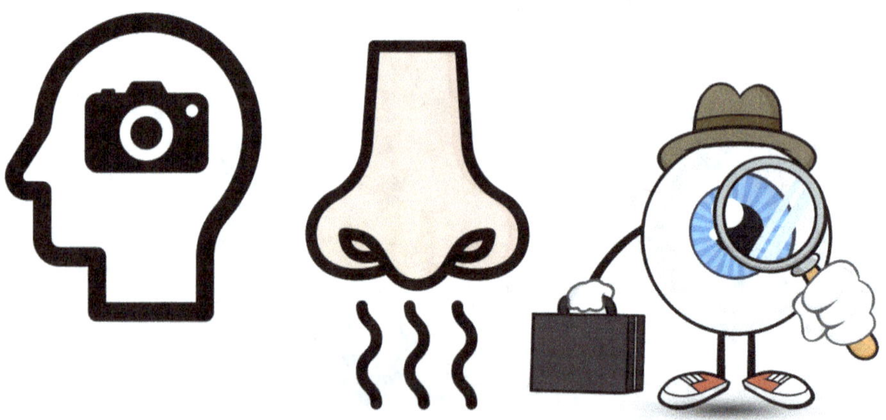

Human Body - Cuerpo Humano

229- The human body can survive for about three weeks without food, but only about three to four days without water.

- El cuerpo humano puede sobrevivir aproximadamente tres semanas sin comida, pero solo alrededor de tres a cuatro días sin agua.

230- Your stomach acid is strong enough to dissolve razor blades.

- El ácido del estómago es lo suficientemente fuerte como para disolver cuchillas de afeitar.

231- You are taller in the morning than in the evening because during the day, the cartilage in your knees and other parts of your body compresses slightly.

- Eres más alto por la mañana que por la noche porque durante el día, el cartílago en tus rodillas y otras partes de tu cuerpo se comprime ligeramente.

232- Your ears never stop hearing, even when you sleep. Your brain just ignores incoming sounds.

- Tus oídos nunca dejan de escuchar, incluso cuando duermes. Tu cerebro simplemente ignora los sonidos entrantes.

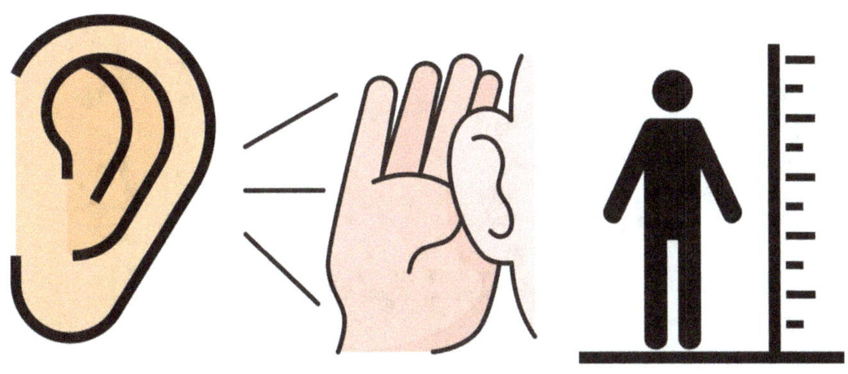

233- It takes about 17 muscles to smile and 43 to frown.

- Se necesitan alrededor de 17 músculos para sonreír y 43 para fruncir el ceño.

234- The human body has more than 600 lymph nodes.

- El cuerpo humano tiene más de 600 ganglios linfáticos.

235- You blink about 15 to 20 times per minute, which adds up to about 28,800 blinks per day.

- Parpadeas alrededor de 15 a 20 veces por minuto, lo que suma aproximadamente 28,800 parpadeos por día.

236- During REM sleep, your body becomes paralyzed to prevent you from acting out your dreams.

- Durante el sueño REM, tu cuerpo se paraliza para evitar que actúes tus sueños.

237- Your brain is more active while you're asleep than when you're awake.

- Tu cerebro está más activo mientras duermes que cuando estás despierto.

Human Body - Cuerpo Humano

238- The average person will spend about 25 years of their life asleep.

- La persona promedio pasará aproximadamente 25 años de su vida durmiendo.

239- Your brain can store about 2.5 petabytes of information, which is roughly equivalent to three million hours of TV shows.

- Tu cerebro puede almacenar alrededor de 2.5 petabytes de información, que es aproximadamente equivalente a tres millones de horas de programas de televisión.

240- The human brain can generate about 23 watts of power when awake, enough to power a light bulb.

- El cerebro humano puede generar aproximadamente 23 vatios de energía cuando está despierto, suficiente para encender una bombilla.

241- Your body has about 100,000 hairs on your head on average.

- Tu cuerpo tiene alrededor de 100,000 cabellos en la cabeza en promedio.

242- Humans shed about 100 hairs per day on average.

- Los humanos pierden alrededor de 100 cabellos por día en promedio.

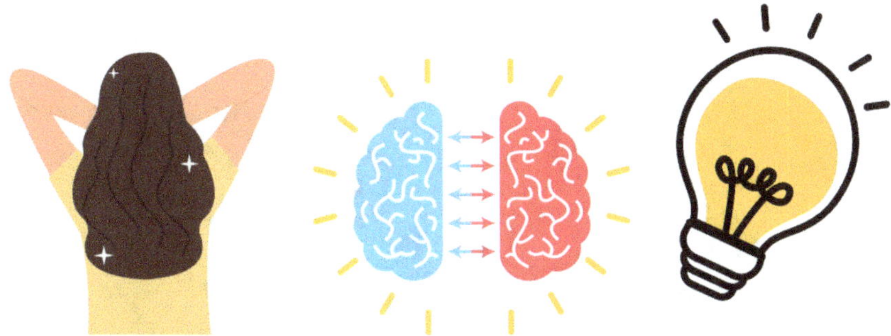

Human Body - Cuerpo Humano

243- Your brain can process information faster than the fastest computer in the world.

- Tu cerebro puede procesar información más rápido que la computadora más rápida del mundo.

244- Your sense of smell is most powerful when you are around 30 years old.

- Tu sentido del olfato es más poderoso cuando tienes alrededor de 30 años.

245- Your heart pumps enough blood in your lifetime to fill a supertanker.

- Tu corazón bombea suficiente sangre en tu vida para llenar un supertanque.

246- The enamel on your teeth is the hardest substance in your body.

- El esmalte de tus dientes es la sustancia más dura de tu cuerpo.

247- Your hair grows faster in warm weather than in cold weather.

- Tu cabello crece más rápido en clima cálido que en clima frío.

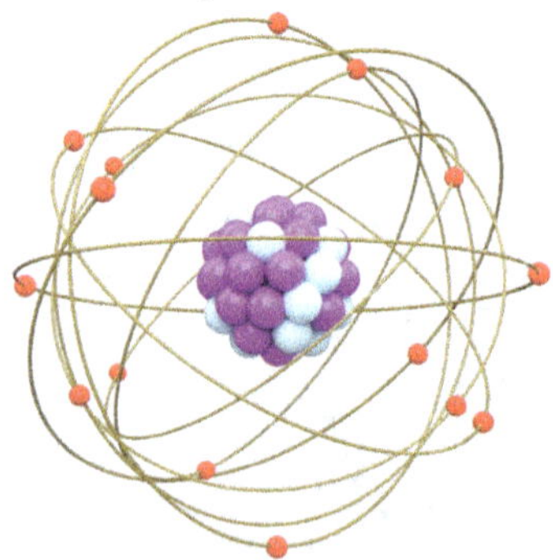

Nature - Naturaleza

248- A banyan tree can spread over a wide area because it produces aerial roots that grow downwards to become additional trunks.

- Un árbol baniano puede extenderse sobre un área amplia porque produce raíces aéreas que crecen hacia abajo para convertirse en troncos adicionales.

249- Certain species of plants, like the Sensitive Plant (Mimosa pudica), fold their leaves inwards when touched as a defense mechanism.

- Ciertas especies de plantas, como la Planta Sensible (Mimosa pudica), doblan sus hojas hacia adentro cuando se tocan como mecanismo de defensa.

250- The Corpse Lily (Rafflesia arnoldii) produces the largest individual flower in the world, with blooms reaching up to 3 feet (1 meter) in diameter.

- La flor de Cadáver (Rafflesia arnoldii) produce la flor individual más grande del mundo, con flores que alcanzan hasta 3 pies (1 metro) de diámetro.

251- Aloe vera has been used for centuries for its medicinal properties, particularly for treating burns and soothing skin irritations.

- El Aloe vera se ha utilizado durante siglos por sus propiedades medicinales, especialmente para tratar quemaduras y calmar irritaciones en la piel.

Nature - Naturaleza

252- Ladybugs are considered beneficial insects because they prey on aphids and other plant-eating pests, helping to control their populations.

- Las mariquitas se consideran insectos beneficiosos porque se alimentan de pulgones y otras plagas que comen plantas, ayudando a controlar sus poblaciones.

253- Some plants, like the African Violet (Saintpaulia), can propagate from a single leaf cutting, making them easy to grow from clippings.

- Algunas plantas, como la Violeta Africana (Saintpaulia), pueden propagarse a partir de un solo corte de hoja, lo que las hace fáciles de cultivar a partir de esquejes.

254- The Titan Arum (Amorphophallus titanum) is one of the largest and smelliest flowers in the world, often referred to as the "corpse flower" due to its odor.

- El Titan Arum (Amorphophallus titanum) es una de las flores más grandes y malolientes del mundo, a menudo llamada "flor cadáver" debido a su olor.

255- Butterflies taste with their feet, allowing them to detect whether a plant is suitable for laying eggs.

- Las mariposas prueban con sus pies, lo que les permite detectar si una planta es adecuada para poner huevos.

Nature - Naturaleza

256- Some types of trees, like the Japanese maple, have leaves that change color in the fall, creating beautiful displays of red, orange, and yellow foliage.

- Algunos tipos de árboles, como el arce japonés, tienen hojas que cambian de color en otoño, creando hermosas exhibiciones de follaje rojo, naranja y amarillo.

257- The Saguaro cactus, native to the Sonoran Desert, can live for up to 200 years and doesn't grow its first arm until it's around 75 years old.

- El cactus Saguaro, nativo del Desierto de Sonora, puede vivir hasta 200 años y no crece su primer brazo hasta que tiene alrededor de 75 años.

258- The Amazon Rainforest is home to approximately 80,000 plant species, many of which are not found anywhere else in the world.

- La Selva Amazónica es hogar de aproximadamente 80,000 especies de plantas, muchas de las cuales no se encuentran en ningún otro lugar del mundo.

259- Dandelion seeds are specially adapted for wind dispersal, with a feathery structure that allows them to be carried long distances.

- Las semillas de diente de león están especialmente adaptadas para la dispersión por el viento, con una estructura plumosa que les permite ser transportadas largas distancias.

Nature - Naturaleza

260- The Lotus flower is revered in many cultures for its symbolism of purity, enlightenment, and rebirth, as it emerges from muddy waters unspoiled.

- La flor de loto es venerada en muchas culturas por su simbolismo de pureza, iluminación y renacimiento, ya que emerge de aguas fangosas inalterada.

261- The California Redwood, one of the tallest tree species in the world, can grow to heights of over 350 feet (107 meters) and live for thousands of years.

- El Secuoya de California, una de las especies de árboles más altas del mundo, puede crecer a alturas de más de 350 pies (107 metros) y vivir durante miles de años.

262- The Venus flytrap is native to the subtropical wetlands of North and South Carolina in the United States.

- La Venus atrapamoscas es originaria de los humedales subtropicales de Carolina del Norte y Carolina del Sur en los Estados Unidos.

263- Carnivorous plants like the pitcher plant, Venus flytrap, and sundew have adapted to nutrient-poor environments by capturing and digesting insects for additional nutrients.

- Las plantas carnívoras como la planta jarro, la Venus atrapamoscas y la rocío del sol se han adaptado a entornos pobres en nutrientes capturando y digiriendo insectos para obtener nutrientes adicionales.

Nature - Naturaleza

264- Lavender is known for its calming properties and is often used in aromatherapy to promote relaxation and reduce stress.

- La lavanda es conocida por sus propiedades calmantes y a menudo se usa en aromaterapia para promover la relajación y reducir el estrés.

265- A group of ants is called a colony, and they work together to build intricate underground tunnels and chambers.

- Un grupo de hormigas se llama colonia, y trabajan juntas para construir intrincados túneles subterráneos y cámaras.

266- Pine trees produce pine cones as a way to protect and disperse their seeds, which are released when the cones mature and open.

- Los pinos producen piñas como una forma de proteger y dispersar sus semillas, que se liberan cuando las piñas maduran y se abren.

267- Chlorophyll is the pigment responsible for giving plants their green color and is essential for photosynthesis, the process by which plants convert sunlight into energy.

- La clorofila es el pigmento responsable de dar a las plantas su color verde y es esencial para la fotosíntesis, el proceso mediante el cual las plantas convierten la luz solar en energía.

Nature - Naturaleza

268- Cacti are well adapted to desert environments, with thick, fleshy stems that store water and shallow roots to quickly absorb rainfall.

- Los cactus están bien adaptados a los entornos desérticos, con tallos gruesos y carnosos que almacenan agua y raíces superficiales para absorber rápidamente la lluvia.

269- Hibiscus flowers come in a variety of colors, including red, pink, yellow, and orange, and are commonly used to make herbal teas and infusions.

- Las flores de hibisco vienen en una variedad de colores, incluyendo rojo, rosa, amarillo y naranja, y son comúnmente utilizadas para hacer tés e infusiones herbales.

270- The Monarch butterfly undergoes a long migration each year, traveling thousands of miles from Canada and the United States to Mexico for the winter.

- La mariposa Monarca realiza una larga migración cada año, viajando miles de millas desde Canadá y los Estados Unidos hasta México para el invierno.

271- Algae play a crucial role in aquatic ecosystems, serving as the primary producers of oxygen through photosynthesis and forming the base of the food chain.

- Las algas juegan un papel crucial en los ecosistemas acuáticos, sirviendo como los principales productores de oxígeno a través de la fotosíntesis y formando la base de la cadena alimenticia.

Nature - Naturaleza

272- The Pitcher plant lures insects into its pitcher-shaped leaves with nectar, where they become trapped and eventually digested by the plant.

- La planta jarro atrae a los insectos hacia sus hojas en forma de jarra con néctar, donde quedan atrapados y eventualmente son digeridos por la planta.

273- The Mimosa pudica plant folds its leaves inward when touched, a defense mechanism to deter herbivores and protect itself from harm.

- La planta Mimosa pudica dobla sus hojas hacia adentro cuando se toca, un mecanismo de defensa para disuadir a los herbívoros y protegerse de daños.

274- The Redwood National and State Parks in California are home to some of the tallest trees on Earth, including the famous General Sherman tree, which stands over 275 feet tall.

- Los Parques Nacionales y Estatales de Redwood en California son hogar de algunos de los árboles más altos de la Tierra, incluyendo el famoso árbol General Sherman, que tiene más de 275 pies de altura.

275- The Venus flytrap is a carnivorous plant native to subtropical wetlands on the East Coast of the United States, primarily found in North and South Carolina.

- La Venus atrapamoscas es una planta carnívora originaria de humedales subtropicales en la Costa Este de los Estados Unidos, principalmente en Carolina del Norte y Carolina del Sur.

Nature - Naturaleza

276- Mosses are tiny plants that don't have flowers or seeds. They reproduce by releasing spores into the air.

- Los musgos son plantas pequeñas que no tienen flores ni semillas. Se reproducen liberando esporas al aire.

277- The baobab tree is also known as the "tree of life" because it can store thousands of liters of water in its trunk, helping it survive in dry climates.

- El árbol de baobab también es conocido como el "árbol de la vida" porque puede almacenar miles de litros de agua en su tronco, ayudándolo a sobrevivir en climas secos.

278- Maple trees produce a sweet sap that can be boiled down to make maple syrup, a delicious topping for pancakes and waffles.

- Los árboles de arce producen una savia dulce que se puede hervir para hacer jarabe de arce, un delicioso aderezo para panqueques y gofres.

279- Bamboo is one of the fastest-growing plants in the world, capable of growing up to 35 inches (90 centimeters) in a single day under the right conditions.

- El bambú es una de las plantas de crecimiento más rápido en el mundo, capaz de crecer hasta 35 pulgadas (90 centímetros) en un solo día bajo las condiciones adecuadas.

Nature - Naturaleza

280- Ferns reproduce by spores, which are often found on the undersides of their fronds in small structures called sporangia.

- Los helechos se reproducen por esporas, que a menudo se encuentran en el envés de sus frondas en pequeñas estructuras llamadas esporangios.

281- Palm trees are known for their tall, slender trunks and large, fan-shaped leaves. They are often associated with tropical beaches and sunny climates.

- Las palmeras son conocidas por sus troncos altos y delgados y sus grandes hojas en forma de abanico. A menudo se asocian con playas tropicales y climas soleados.

282- Succulents, like cacti and aloe vera, store water in their leaves, stems, or roots to survive in arid environments with limited rainfall.

- Las suculentas, como los cactus y el aloe vera, almacenan agua en sus hojas, tallos o raíces para sobrevivir en entornos áridos con lluvias limitadas.

283- Pine cones open and close in response to changes in humidity, helping to regulate the release of seeds under optimal conditions.

- Las piñas se abren y cierran en respuesta a cambios en la humedad, ayudando a regular la liberación de semillas en condiciones óptimas.

Nature - Naturaleza

284- Beech trees have smooth, gray bark and produce triangular nuts known as beechnuts, which are an important food source for many forest animals.

- Los hayedos tienen una corteza lisa y gris y producen nueces triangulares conocidas como hayucos, que son una importante fuente de alimento para muchos animales del bosque.

285- The leaves of the eucalyptus tree contain oils that give them a distinctive fragrance and make them resistant to pests and diseases.

- Las hojas del árbol de eucalipto contienen aceites que les dan una fragancia distintiva y los hacen resistentes a plagas y enfermedades.

286- Palm trees are often used to make products like coconut oil, palm oil, and palm sugar, which are widely used in cooking and skincare.

- Las palmeras a menudo se utilizan para hacer productos como el aceite de coco, el aceite de palma y el azúcar de palma, que se utilizan ampliamente en la cocina y el cuidado de la piel.

287- The bark of the willow tree contains a compound called salicin, which has pain-relieving properties and has been used for centuries to make aspirin.

- La corteza del sauce contiene un compuesto llamado salicina, que tiene propiedades analgésicas y se ha utilizado durante siglos para hacer aspirina.

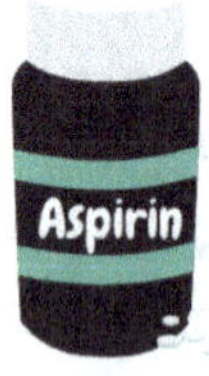

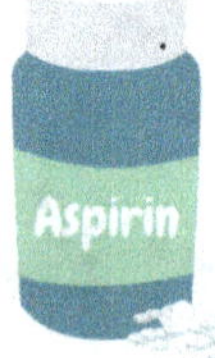

Nature - Naturaleza

288- The needles of pine trees have a waxy coating that helps them retain water and withstand harsh environmental conditions like cold temperatures and strong winds.

- Las agujas de los pinos tienen un revestimiento ceroso que les ayuda a retener agua y resistir condiciones ambientales adversas como temperaturas frías y fuertes vientos.

289- The stamen is the male reproductive organ of a flower, consisting of the filament and anther, where pollen is produced and released.

- El estambre es el órgano reproductor masculino de una flor, que consta del filamento y la antera, donde se produce y se libera el polen.

290- The bark of the cinnamon tree is harvested and dried to produce cinnamon, a popular spice used in cooking and baking around the world.

- La corteza del árbol de canela se cosecha y se seca para producir canela, una especia popular utilizada en la cocina y la repostería en todo el mundo.

291- Orchids are one of the largest families of flowering plants, with over 25,000 species found on every continent except Antarctica.

- Las orquídeas son una de las familias más grandes de plantas con flores, con más de 25,000 especies que se encuentran en todos los continentes excepto la Antártida.

<u>Nature - Naturaleza</u>

292- Welwitschia mirabilis - Native to the Namib Desert in Namibia, this plant is known for its unique appearance with only two leaves that grow continuously throughout its lifetime.

- Welwitschia mirabilis - Nativa del Desierto de Namib en Namibia, esta planta es conocida por su apariencia única con solo dos hojas que crecen continuamente a lo largo de su vida.

293- Victoria amazonica - Found in the Amazon River basin, this water lily has huge leaves that can measure up to 10 feet (3 meters) in diameter and can support the weight of a small child.

- Victoria amazonica - Encontrada en la cuenca del río Amazonas, esta lirio de agua tiene hojas enormes que pueden medir hasta 10 pies (3 metros) de diámetro y pueden soportar el peso de un niño pequeño.

294- Baobab tree (Adansonia grandidieri) - Native to Madagascar, this iconic tree has a distinctive swollen trunk and is sometimes called the "upside-down tree" due to its unusual appearance.

- Árbol de baobab (Adansonia grandidieri) - Nativo de Madagascar, este árbol icónico tiene un tronco hinchado distintivo y a veces se le llama el "árbol boca abajo" debido a su apariencia inusual.

Nature - Naturaleza

295- Kangaroo paw (Anigozanthos manglesii) - Endemic to Western Australia, this unique flower gets its name from its resemblance to a kangaroo's paw and comes in vibrant shades of red, orange, and yellow.

- Pata de canguro (Anigozanthos manglesii) - Endémica de Australia Occidental, esta flor única recibe su nombre por su parecido con la pata de un canguro y viene en tonos vibrantes de rojo, naranja y amarillo.

296- Giant Saguaro cactus (Carnegiea gigantea) - Found exclusively in the Sonoran Desert of Arizona, California, and Mexico, this towering cactus can live for over 150 years and provides habitat for various desert animals.

- Cactus saguaro gigante (Carnegiea gigantea) - Encontrado exclusivamente en el Desierto de Sonora en Arizona, California y México, este cactus gigantesco puede vivir más de 150 años y proporciona hábitat para varios animales del desierto.

297- Dracula orchid (Dracula gigas) - Endemic to the cloud forests of Ecuador and Peru, this orchid species is named after its spooky appearance and is known for its unique, intricate blooms.

- Orquídea Drácula (Dracula gigas) - Endémica de los bosques nubosos de Ecuador y Perú, esta especie de orquídea lleva el nombre de su apariencia espeluznante y es conocida por sus flores únicas e intrincadas.

Nature - Naturaleza

298- Socotra dragon tree (Dracaena cinnabari) - Found on the Socotra archipelago in the Indian Ocean, this ancient tree has a distinctive umbrella-shaped canopy and produces a bright red resin known as "dragon's blood."

- Árbol dragón de Socotra (Dracaena cinnabari) - Encontrado en el archipiélago de Socotra en el Océano Índico, este árbol antiguo tiene un dosel distintivo en forma de paraguas y produce una resina roja brillante conocida como "sangre de dragón".

299- Mount Kinabalu Pitcher Plant (Nepenthes rajah) - Endemic to the summit regions of Mount Kinabalu in Borneo, this carnivorous plant produces pitchers that can hold up to 2 liters of water and trap insects for nutrients.

- Planta jarra del Monte Kinabalu (Nepenthes rajah) - Endémica de las regiones de la cumbre del Monte Kinabalu en Borneo, esta planta carnívora produce jarros que pueden contener hasta 2 litros de agua y atrapan insectos para obtener nutrientes.

Innovative Inventions- Inventos Innovadores

300- Electric Light Bulb (Thomas Edison, USA): Thomas Edison invented the first commercially practical incandescent light bulb, revolutionizing indoor lighting and making it safer and more accessible.

- Bombilla eléctrica (Thomas Edison, EE. UU.): Thomas Edison inventó la primera bombilla incandescente comercialmente práctica, revolucionando la iluminación interior y haciéndola más segura y accesible.

301- Telephone (Alexander Graham Bell, Scotland/Canada): Alexander Graham Bell invented the telephone, allowing people to communicate with each other over long distances by transmitting sound electronically.

- Teléfono (Alexander Graham Bell, Escocia/Canadá): Alexander Graham Bell inventó el teléfono, permitiendo que las personas se comuniquen entre sí a larga distancia mediante la transmisión electrónica del sonido.

302- Internet (Tim Berners-Lee, England): Tim Berners-Lee invented the World Wide Web, laying the foundation for the modern internet and transforming the way information is accessed and shared globally.

- Internet (Tim Berners-Lee, Inglaterra): Tim Berners-Lee inventó la World Wide Web, sentando las bases para el internet moderno y transformando la forma en que se accede y comparte la información a nivel global.

303- Computer (Charles Babbage, England): Charles Babbage designed the Analytical Engine, an early mechanical computer, laying the groundwork for modern computing technology.

- Computadora (Charles Babbage, Inglaterra): Charles Babbage diseñó la Máquina Analítica, una de las primeras computadoras mecánicas, sentando las bases para la tecnología informática moderna.

304- Automobile (Karl Benz, Germany): Karl Benz invented the first practical automobile powered by an internal combustion engine, revolutionizing personal transportation.

- Automóvil (Karl Benz, Alemania): Karl Benz inventó el primer automóvil práctico impulsado por un motor de combustión interna, revolucionando el transporte personal.

305- Lightning Rod (Benjamin Franklin, USA): Benjamin Franklin invented the lightning rod, a device that protects buildings and structures from lightning strikes by providing a path for the electrical discharge.

- Pararrayos (Benjamin Franklin, EE. UU.): Benjamin Franklin inventó el pararrayos, un dispositivo que protege edificios y estructuras de los rayos al proporcionar un camino para la descarga eléctrica.

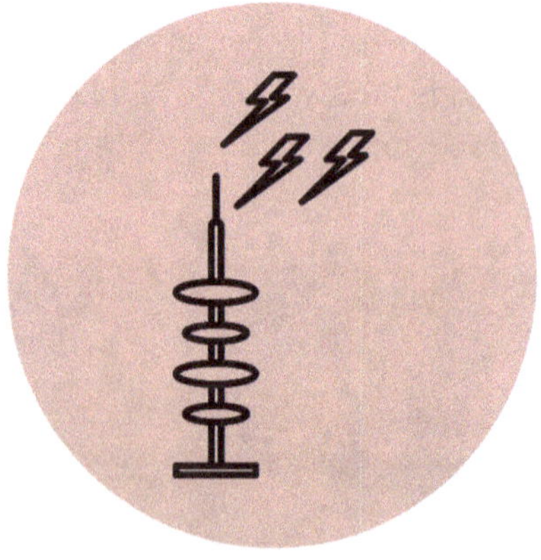

Innovative Inventions- Inventos Innovadores

306- Steam Engine (James Watt, Scotland): James Watt improved the design of the steam engine, making it more efficient and practical, leading to significant advancements in industry and transportation.

- Máquina de vapor (James Watt, Escocia): James Watt mejoró el diseño de la máquina de vapor, haciéndola más eficiente y práctica, lo que condujo a avances significativos en la industria y el transporte.

307- Television (John Logie Baird, Scotland): John Logie Baird demonstrated the first working television system, paving the way for the development of television as a mass communication medium.

- Televisión (John Logie Baird, Escocia): John Logie Baird demostró el primer sistema de televisión funcional, allanando el camino para el desarrollo de la televisión como un medio de comunicación de masas.

308- Photography (Louis Daguerre, France): Louis Daguerre invented the daguerreotype, the first practical method of photography, allowing people to capture images permanently.

- Fotografía (Louis Daguerre, Francia): Louis Daguerre inventó el daguerrotipo, el primer método práctico de fotografía, que permitía a las personas capturar imágenes de forma permanente.

Innovative Inventions- Inventos Innovadores

309- Radio (Guglielmo Marconi, Italy): Guglielmo Marconi developed the first practical radio communication system, enabling wireless transmission of signals over long distances.

- Radio (Guglielmo Marconi, Italia): Guglielmo Marconi desarrolló el primer sistema de comunicación de radio práctico, que permitía la transmisión inalámbrica de señales a larga distancia.

310- Electric Battery (Alessandro Volta, Italy): Alessandro Volta invented the electric battery, a device that produces electricity through chemical reactions, laying the foundation for modern battery technology.

- Batería eléctrica (Alessandro Volta, Italia): Alessandro Volta inventó la batería eléctrica, un dispositivo que produce electricidad mediante reacciones químicas, sentando las bases para la tecnología de baterías modernas.

311- Transistor (John Bardeen, Walter Brattain, William Shockley, USA): John Bardeen, Walter Brattain, and William Shockley jointly invented the transistor, a key component of modern electronics, revolutionizing the field of technology.

- Transistor (John Bardeen, Walter Brattain, William Shockley, EE. UU.): John Bardeen, Walter Brattain y William Shockley inventaron conjuntamente el transistor, un componente clave de la electrónica moderna, revolucionando el campo de la tecnología.

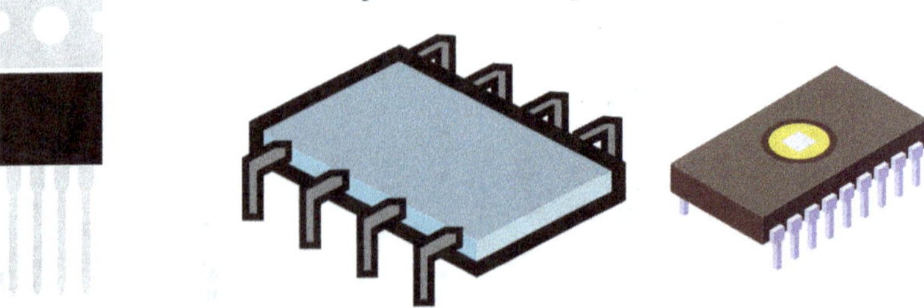

Innovative Inventions- Inventos Innovadores

312- Air Conditioning (Willis Carrier, USA): Willis Carrier invented the modern air conditioning system, making indoor environments more comfortable and enabling the development of various industries.

- Aire acondicionado (Willis Carrier, EE. UU.): Willis Carrier inventó el sistema de aire acondicionado moderno, haciendo los ambientes interiores más cómodos y permitiendo el desarrollo de diversas industrias.

313- Space Travel (Sergei Korolev, Russia): Sergei Korolev led the development of the first human-made satellite, Sputnik 1, and played a key role in launching the first human into space, Yuri Gagarin.

- Viaje espacial (Sergei Korolev, Rusia): Sergei Korolev lideró el desarrollo del primer satélite hecho por el hombre, Sputnik 1, y desempeñó un papel clave en el lanzamiento del primer humano al espacio, Yuri Gagarin.

314- GPS (Ivan Getting, USA): Ivan Getting developed the Global Positioning System (GPS), a satellite-based navigation system that provides location and time information anywhere on Earth.

- Sistema de Posicionamiento Global (GPS) (Ivan Getting, EE. UU.): Ivan Getting desarrolló el Sistema de Posicionamiento Global (GPS), un sistema de navegación basado en satélites que proporciona información de ubicación y tiempo en cualquier lugar de la Tierra.

Innovative Inventions- Inventos Innovadores

315- Digital Camera (Steven Sasson, USA): Steven Sasson invented the first digital camera prototype at Eastman Kodak, laying the groundwork for the digital photography revolution.

- Cámara digital (Steven Sasson, EE. UU.): Steven Sasson inventó el primer prototipo de cámara digital en Eastman Kodak, sentando las bases para la revolución de la fotografía digital.

316- MRI (Raymond Damadian, USA): Raymond Damadian developed the first Magnetic Resonance Imaging (MRI) machine, a non-invasive medical imaging technology that revolutionized diagnostic medicine.

- Resonancia Magnética (MRI) (Raymond Damadian, EE. UU.): Raymond Damadian desarrolló la primera máquina de Resonancia Magnética (MRI), una tecnología de imágenes médicas no invasiva que revolucionó la medicina diagnóstica.

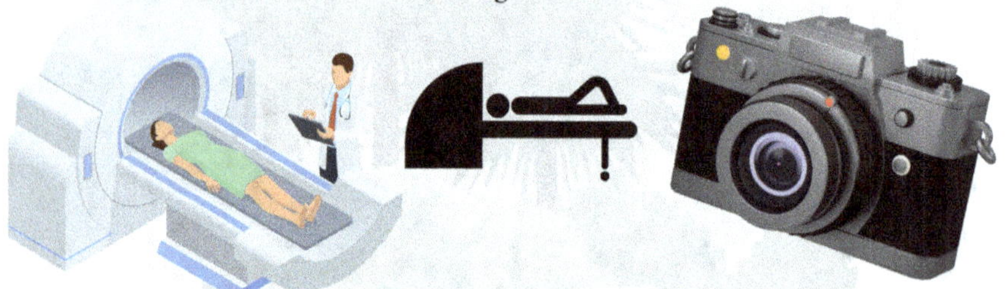

317- Integrated Circuit (Jack Kilby, USA): Jack Kilby invented the integrated circuit, also known as the microchip, laying the foundation for modern electronics and computing technology.

- Circuito Integrado (Jack Kilby, EE. UU.): Jack Kilby inventó el circuito integrado, también conocido como microchip, sentando las bases para la electrónica y la tecnología informática modernas.

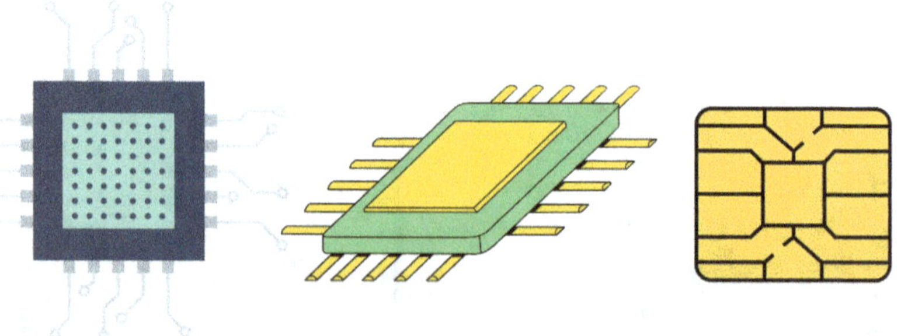

Innovative Inventions- Inventos Innovadores

318- Electric Generator (Michael Faraday, England): Michael Faraday developed the first electric generator, demonstrating the conversion of mechanical energy into electrical energy, paving the way for electricity generation.

- Generador eléctrico (Michael Faraday, Inglaterra): Michael Faraday desarrolló el primer generador eléctrico, demostrando la conversión de energía mecánica en energía eléctrica, abriendo el camino para la generación de electricidad.

319- Fiber Optics (Narinder Singh Kapany, India/USA): Narinder Singh Kapany pioneered the field of fiber optics, inventing the first practical optical fiber that revolutionized telecommunications and data transmission.

- Fibra óptica (Narinder Singh Kapany, India/EE. UU.): Narinder Singh Kapany fue pionero en el campo de la fibra óptica, inventando la primera fibra óptica práctica que revolucionó las telecomunicaciones y la transmisión de datos.

320- Laser (Theodore H. Maiman, USA): Theodore H. Maiman built the first working laser, a device that emits highly focused light beams, leading to numerous applications in science, medicine, and technology.

- Láser (Theodore H. Maiman, EE. UU.): Theodore H. Maiman construyó el primer láser funcional, un dispositivo que emite haces de luz altamente focalizados, lo que llevó a numerosas aplicaciones en ciencia, medicina y tecnología.

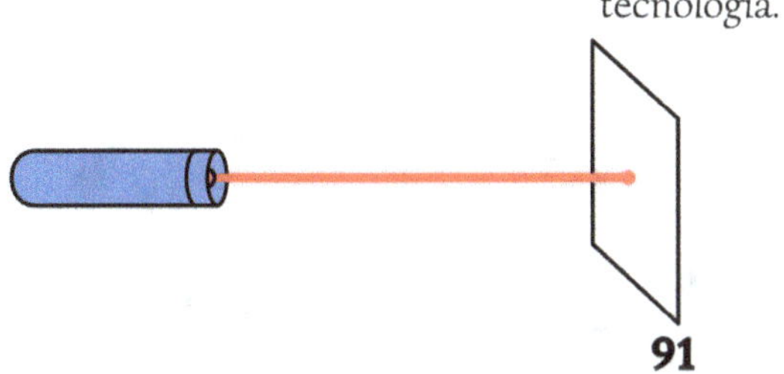

Innovative Inventions- Inventos Innovadores

321- Solar Cell (Charles Fritts, USA): Charles Fritts developed the first solar cell using selenium, laying the foundation for solar energy technology and renewable energy sources.

- Célula solar (Charles Fritts, EE. UU.): Charles Fritts desarrolló la primera célula solar utilizando selenio, sentando las bases para la tecnología de energía solar y fuentes de energía renovable.

322- Hydroelectric Power Plant (William George Armstrong, England): William George Armstrong built the first hydroelectric power plant in Cragside, England, harnessing the power of water to generate electricity.

- Central hidroeléctrica (William George Armstrong, Inglaterra): William George Armstrong construyó la primera central hidroeléctrica en Cragside, Inglaterra, aprovechando la energía del agua para generar electricidad.

323- Nuclear Reactor (Enrico Fermi, Italy/USA): Enrico Fermi built the first nuclear reactor, known as Chicago Pile-1, initiating the era of nuclear power and paving the way for nuclear energy applications.

- Reactor nuclear (Enrico Fermi, Italia/EE. UU.): Enrico Fermi construyó el primer reactor nuclear, conocido como Chicago Pile-1, iniciando la era de la energía nuclear y abriendo el camino para aplicaciones de energía nuclear.

 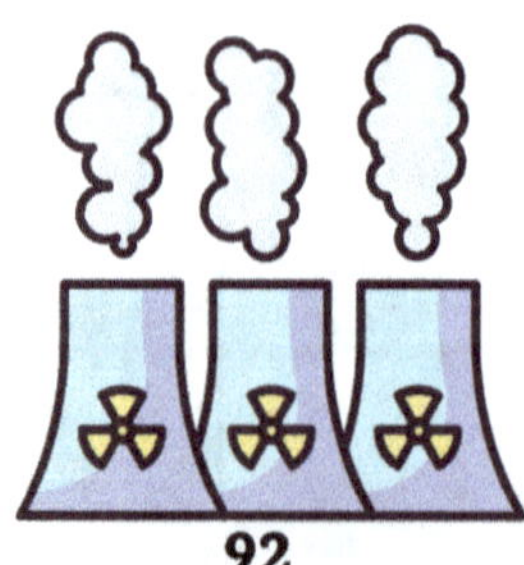 

324- Digital Clock (George H. Smith, USA): George H. Smith invented the digital clock, replacing traditional analog clocks with a more precise and easy-to-read time display.

- Reloj digital (George H. Smith, EE. UU.): George H. Smith inventó el reloj digital, reemplazando los relojes analógicos tradicionales con una pantalla de tiempo más precisa y fácil de leer.

325- Plastic (Leo Baekeland, Belgium/USA): Leo Baekeland invented Bakelite, the first synthetic plastic, revolutionizing manufacturing and leading to the development of various plastic products.

- Plástico (Leo Baekeland, Bélgica/EE. UU.): Leo Baekeland inventó el Bakelita, el primer plástico sintético, revolucionando la fabricación y llevando al desarrollo de diversos productos plásticos.

326- Barcode (Joseph Woodland, USA): Joseph Woodland invented the barcode, a pattern of parallel lines used for automatic identification of products in stores and warehouses, streamlining inventory management.

- Código de barras (Joseph Woodland, EE. UU.): Joseph Woodland inventó el código de barras, un patrón de líneas paralelas utilizado para la identificación automática de productos en tiendas y almacenes, optimizando la gestión de inventario.

Innovative Inventions- Inventos Innovadores

327- Microprocessor (Federico Faggin, Italy/USA): Federico Faggin developed the first commercially available microprocessor, laying the foundation for modern computing and digital technology.

- Microprocesador (Federico Faggin, Italia/EE. UU.): Federico Faggin desarrolló el primer microprocesador comercialmente disponible, sentando las bases para la computación moderna y la tecnología digital.

328- LED (Nick Holonyak Jr., USA): Nick Holonyak Jr. invented the first practical visible-spectrum light-emitting diode (LED), leading to energy-efficient lighting solutions and electronic displays.

- LED (Nick Holonyak Jr., EE. UU.): Nick Holonyak Jr. inventó el primer diodo emisor de luz (LED) de espectro visible práctico, lo que llevó a soluciones de iluminación eficientes en energía y pantallas electrónicas.

329- 3D Printing (Chuck Hull, USA): Chuck Hull invented stereolithography, the first 3D printing technology, allowing objects to be created layer by layer from digital designs.

- Impresión 3D (Chuck Hull, EE. UU.): Chuck Hull inventó la estereolitografía, la primera tecnología de impresión 3D, que permite crear objetos capa por capa a partir de diseños digitales.

Innovative Inventions- Inventos Innovadores

330- Artificial Heart (Robert Jarvik, USA): Robert Jarvik invented the first successful artificial heart, providing a life-saving solution for patients with heart failure while awaiting heart transplants.

- Corazón artificial (Robert Jarvik, EE. UU.): Robert Jarvik inventó el primer corazón artificial exitoso, proporcionando una solución que salva vidas para pacientes con insuficiencia cardíaca mientras esperan un trasplante de corazón.

331- Portable Music Player (Kane Kramer, England): Kane Kramer conceptualized the first digital audio player, laying the groundwork for modern portable music devices like the iPod.

- Reproductor de música portátil (Kane Kramer, Inglaterra): Kane Kramer concibió el primer reproductor de audio digital, sentando las bases para dispositivos de música portátiles modernos como el iPod.

332- Digital Video Recorder (Reuben Aaronson, USA): Reuben Aaronson invented the first digital video recorder (DVR), allowing users to record and playback television programs with ease.

- Grabadora de video digital (Reuben Aaronson, EE. UU.): Reuben Aaronson inventó el primer grabador de video digital (DVR), que permite a los usuarios grabar y reproducir programas de televisión con facilidad.

Innovative Inventions- Inventos Innovadores

332- Gaming Console (Ralph Baer, Germany/USA): Ralph Baer developed the first home video game console, pioneering the gaming industry and paving the way for modern gaming systems.

- Consola de videojuegos (Ralph Baer, Alemania/EE. UU.): Ralph Baer desarrolló la primera consola de videojuegos doméstica, siendo pionero en la industria de los videojuegos y abriendo el camino para los sistemas de juegos modernos.

333- Portable Computer (Adam Osborne, UK/India): Adam Osborne introduced the first portable computer, the Osborne 1, making computing more accessible and mobile.

- Computadora portátil (Adam Osborne, Reino Unido/India): Adam Osborne presentó la primera computadora portátil, la Osborne 1, haciendo que la informática sea más accesible y móvil.

334- Remote Control (Eugene Polley, USA): Eugene Polley invented the wireless remote control, allowing users to operate electronic devices from a distance with convenience.

- Control remoto (Eugene Polley, EE. UU.): Eugene Polley inventó el control remoto inalámbrico, que permite a los usuarios operar dispositivos electrónicos a distancia con comodidad.

Innovative Inventions- Inventos Innovadores

335- E-mail (Ray Tomlinson, USA): Ray Tomlinson developed the first networked e-mail system, establishing the use of the "@" symbol to denote sending messages between different hosts.

- Correo electrónico (Ray Tomlinson, EE. UU.): Ray Tomlinson desarrolló el primer sistema de correo electrónico en red, estableciendo el uso del símbolo "@" para denotar el envío de mensajes entre diferentes hosts.

336- Touchscreen (E.A. Johnson, England): E.A. Johnson invented the first touchscreen technology, paving the way for intuitive and interactive user interfaces in various electronic devices.

- Pantalla táctil (E.A. Johnson, Inglaterra): E.A. Johnson inventó la primera tecnología de pantalla táctil, allanando el camino para interfaces de usuario intuitivas e interactivas en diversos dispositivos electrónicos.

337- Text Messaging (Matti Makkonen, Finland): Matti Makkonen proposed the concept of text messaging, or SMS (Short Message Service), revolutionizing communication through mobile phones.

- Mensajería de texto (Matti Makkonen, Finlandia): Matti Makkonen propuso el concepto de mensajería de texto, o SMS (Servicio de Mensajes Cortos), revolucionando la comunicación a través de teléfonos móviles.

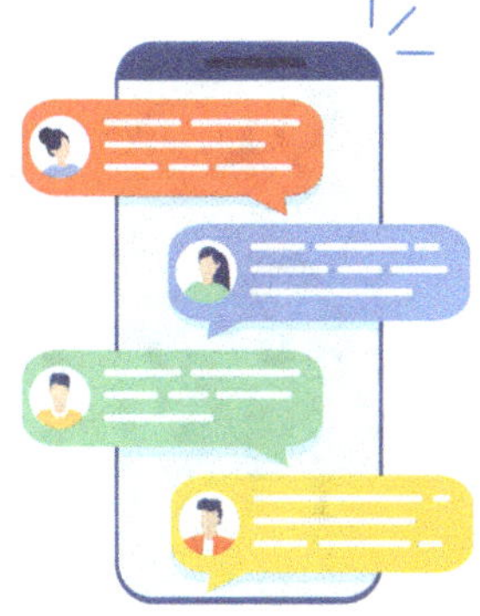

Innovative Inventions- Inventos Innovadores

338- Ethernet (Bob Metcalfe, USA): Bob Metcalfe co-invented Ethernet, a widely used networking technology for local area networks (LANs), enabling high-speed data transmission.

- Ethernet (Bob Metcalfe, EE. UU.): Bob Metcalfe co-inventó Ethernet, una tecnología de red ampliamente utilizada para redes de área local (LAN), que permite la transmisión de datos a alta velocidad.

339- Digital Satellite TV (Dr. Stuart E. Eizenstat, USA): Dr. Stuart E. Eizenstat played a key role in the development of digital satellite television, revolutionizing the way television signals are transmitted and received.

- Televisión por satélite digital (Dr. Stuart E. Eizenstat, EE. UU.): El Dr. Stuart E. Eizenstat desempeñó un papel clave en el desarrollo de la televisión por satélite digital, revolucionando la forma en que se transmiten y reciben las señales de televisión.

340- Virtual Reality (Ivan Sutherland, USA): Ivan Sutherland developed the first head-mounted display and interactive computer graphics system, laying the foundation for virtual reality technology.

- Realidad virtual (Ivan Sutherland, EE. UU.): Ivan Sutherland desarrolló el primer visor montado en la cabeza y sistema de gráficos por ordenador interactivos, sentando las bases para la tecnología de realidad virtual.

Innovative Inventions- Inventos Innovadores

341- Portable GPS Navigation (Ivan Getting, USA): Ivan Getting led the development of portable GPS navigation systems, providing accurate location information for users traveling anywhere in the world.

- Navegación GPS portátil (Ivan Getting, EE. UU.): Ivan Getting lideró el desarrollo de sistemas de navegación GPS portátiles, proporcionando información de ubicación precisa para los usuarios que viajan a cualquier parte del mundo.

342- Biometric Identification (Sir William Herschel, England/India): Sir William Herschel pioneered biometric identification, using fingerprints for personal identification and forensic purposes.

- Identificación biométrica (Sir William Herschel, Inglaterra/India): Sir William Herschel fue pionero en la identificación biométrica, utilizando huellas dactilares para la identificación personal y fines forenses.

343- Voice Recognition (John F. Mitchell, Ray Holt, USA): John F. Mitchell and Ray Holt developed the first voice recognition technology, enabling computers to interpret and respond to human speech.

- Reconocimiento de voz (John F. Mitchell, Ray Holt, EE. UU.): John F. Mitchell y Ray Holt desarrollaron la primera tecnología de reconocimiento de voz, permitiendo que las computadoras interpreten y respondan al habla humana.

Innovative Inventions- Inventos Innovadores

344- Wi-Fi (John O'Sullivan, Australia): John O'Sullivan led the development of Wi-Fi technology, enabling wireless connectivity for computers and mobile devices, transforming the way we access the internet.

- Wi-Fi (John O'Sullivan, Australia): John O'Sullivan lideró el desarrollo de la tecnología Wi-Fi, permitiendo la conectividad inalámbrica para computadoras y dispositivos móviles, transformando la forma en que accedemos a internet.

345- Chatbot (Joseph Weizenbaum, 1966, USA): Joseph Weizenbaum created the first chatbot, named ELIZA, which simulated conversation by processing user inputs and generating responses.

- Chatbot (Joseph Weizenbaum, 1966, EE. UU.): Joseph Weizenbaum creó el primer chatbot, llamado ELIZA, que simulaba conversaciones procesando las entradas del usuario y generando respuestas.

346- Deep Learning (Geoffrey Hinton, 1986, Canada): Geoffrey Hinton proposed the concept of deep learning, a subset of machine learning focused on artificial neural networks with multiple layers of abstraction.

- Aprendizaje profundo (Geoffrey Hinton, 1986, Canadá): Geoffrey Hinton propuso el concepto de aprendizaje profundo, un subconjunto de aprendizaje automático centrado en redes neuronales artificiales con múltiples capas de abstracción.

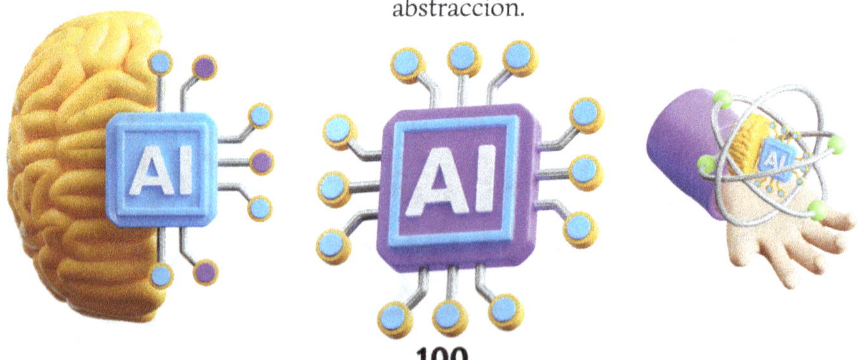

<u>Innovative Inventions- Inventos Innovadores</u>

347- Siri (Apple Inc., 2011, USA): Siri, developed by Apple Inc., is a virtual assistant using natural language processing and machine learning to perform tasks and answer questions on Apple devices.

- Siri (Apple Inc., 2011, EE. UU.): Siri, desarrollado por Apple Inc., es un asistente virtual que utiliza procesamiento de lenguaje natural y aprendizaje automático para realizar tareas y responder preguntas en dispositivos de Apple.

348- Google Translate (Google, 2006, USA): Google Translate, developed by Google, is a machine translation service that translates text and websites between different languages using artificial intelligence techniques.

- Google Translate (Google, 2006, EE. UU.): Google Translate, desarrollado por Google, es un servicio de traducción automática que traduce texto y sitios web entre diferentes idiomas utilizando técnicas de inteligencia artificial.

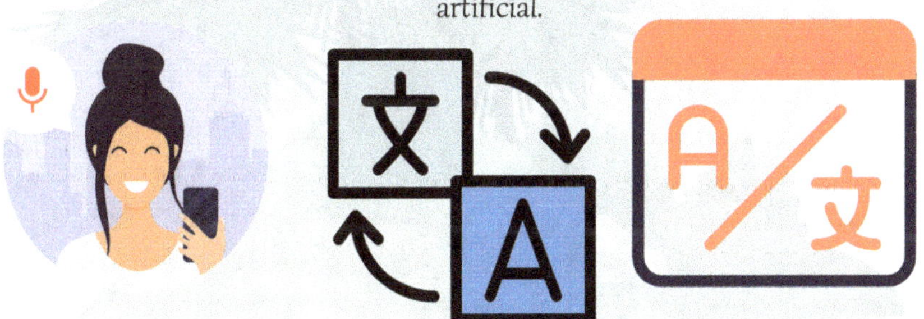

349- AlphaGo (DeepMind, 2015, UK): AlphaGo, created by DeepMind, became the first computer program to defeat a professional human Go player, demonstrating advancements in artificial intelligence and machine learning.

- AlphaGo (DeepMind, 2015, Reino Unido): AlphaGo, creado por DeepMind, se convirtió en el primer programa de computadora en derrotar a un jugador profesional humano de Go, demostrando avances en inteligencia artificial y aprendizaje automático.

<u>¡FELICIDADES! ¡HAS LLEGADO AL FINAL DEL LIBRO!</u>

¡Felicidades! ¡Has llegado al final del libro! Esperamos que hayas disfrutado explorando todos los datos curiosos y fascinantes que este libro tiene para ofrecer. Ahora que has ampliado tu conocimiento con información interesante y poco conocida, te invitamos a reflexionar sobre todo lo que has aprendido y compartir tus pensamientos. Si este libro te ha proporcionado una experiencia educativa y entretenida, nos encantaría escuchar tu opinión. Por favor, tómate un momento para dejar tu opinion en la página de Amazon. Tu opinión es increíblemente valiosa para nosotros y nos ayuda a mejorar y continuar creando contenido que disfrutes. ¡Gracias por acompañarnos en este viaje de descubrimiento y aprendizaje!